Inhalt

Tom Pauls
Peter Ufer

Deutschland, deine Sachsen

Eine respektlose
Liebeserklärung

 aufbau taschenbuch

Dieses Buch ist erstmals 2012 im Saxophon Verlag
unter demselben Titel erschienen.

MIX
Papier aus ver-
antwortungsvollen
Quellen
FSC® C083411

ISBN 978-3-7466-3117-2

Aufbau Taschenbuch ist eine Marke
der Aufbau Verlag GmbH & Co. KG

1. Auflage 2015
© Aufbau Verlag GmbH & Co. KG, Berlin 2015
Umschlaggestaltung Mediabureau Di Stefano, Berlin
unter Verwendung von Motiven von © Frank Ramspott /
Getty Images, Petroos / iStockphoto, Amac Garbe
Gesetzt in der Minion Pro und Corporate S
durch Greiner & Reichel, Köln
Druck und Binden CPI books GmbH, Leck, Germany
Printed in Germany

www.aufbau-verlag.de

Vorwort

Natürlich sind Sachsen nicht in der Lage, ein Buch über die Sachsen zu schreiben. Sie sind vorbelastet, befangen, mitgegangen und mitgehangen, sodass es besser ist, Sie lesen dieses Buch gar nicht erst. Denn es haben zwei Sachsen verfasst.

Sie können also den Sachsen nur mit Fettbemmen füttern, denn sie bekommen keinen Abstand zu sich selbst. Sie schaffen nur die Hitschenperspektive.

Dennoch trauen sich die beiden, weil es sie nervt, dass genau das den Sachsen unterstellt wird, dass sie kleingeredet werden, ihre Sprache zum miserabelsten aller deutschen Dialekte degradiert wird, ihnen keiner zuhört und niemand ihren Humor versteht. Die vielen Auswärtschn sollen den Sachsen mal kennenlernen, die Deutschen möchten bitte mal zur Kenntnis nehmen, dass es ihn gibt. Und für die Sachsen haben sie es geschrieben, um ihnen das zu geben, was sie endlich verdient haben: mehr Selbstbewusstsein. Sie wollen Seele massieren, auch wenn das ab und zu schmerzt.

Bereits vor 50 Jahren erschien ein Buch mit dem Titel »Deutschland, deine Sachsen«, geschrieben von Dieter Wildt, Jahrgang 1928. Einem Journalisten, der es einst für die vielen Exil-Sachsen in Westdeutschland verfasste. Peter Ufer und Tom Pauls lernten den Autor kennen und schätzen. Und Dieter Wildt forderte beide auf, sein Buch über die Sachsen neu zu schreiben. Aus heutiger Sicht. Die beiden haben sich getraut, denn Sachsen trauen sich immer was.

Der totgesagte Sachse

Haben Sie es gemerkt? Die Deutschen entdecken ihren Sachsen wieder. Jedenfalls können sie ihn nicht mehr ignorieren. Denn er existiert, der Sachse. Ja, er lebt. Immer noch. Er will sogar dazugehören und wird zur ernsten Konkurrenz der Deutschen. Gefahr aus dem Osten. Er will ernst genommen werden. Dabei war das immer sein größter Fehler. Deshalb haben die Deutschen ihn gern als lächerlichen Kasper verhöhnt. Er scherte sich übrigens nicht sonderlich darum, sondern schnitzte den schönsten deutschen Kasperkopf in Hohnstein in der Sächsischen Schweiz. Das ärgerte die anderen schon wieder.

Seit mehr als zwei Jahrhunderten nehmen die Deutschen ihren Sachsen nicht ernst, sondern glauben ernsthaft, er sei gar kein Deutscher, ja nicht einmal ein Mensch. So schrieb der Berliner Kurt Tucholsky schon 1931: »Neben den Menschen gibt es noch Sachsen und Amerikaner, aber die haben wir noch nicht gehabt und bekommen Zoologie erst in der nächsten Klasse.« Der Sachse wurde aber nicht nur verlacht, sondern zudem verketzert, verfemt und nicht zuletzt für tot erklärt.

Das hat sich bis heute kaum geändert. 65 Prozent der Menschen aus Deutschland waren auch über 20 Jahre nach dem Mauerfall noch nie in Sachsen. Warum auch? Man ahnt, da unten kurz vor Prag, unweit von Warschau gibt es ein bisschen Landschaft und vielleicht ein bisschen Kultur. Das war's. Im Grunde sind den meisten Deutschen die Sachsen egal oder aber ein Ärgernis. Der Zweibeiner aus dem fünften neuen Land im Bund stört doch nur und spricht so komisch. Ein Satz von Literaturprofessor Walter Jens aus den 1960er-Jahren brannte sich zudem in das kollektive Gedächtnis der Deutschen: »Die Sprache Nietzsches und Wagners ist zum Jargon des Untermenschen, zur Fanatiker-Suade, zur Ausdrucksweise der Schergen geworden.« Der Sachse, ein Aussätziger? Sagt das nicht schon der Name?

Fast. Sachse kommt von Sasse, und das heißt Ansässiger – der geborene Aussitzer. Er kann warten. Er hat gewartet. Er muddelte vor sich hin. Muddln gehört zu seiner Strategie. Da tut er was, aber weder zielstrebig noch mit einem spürbaren Verbrauch an Energie. Er macht ganz aktiv: nichts. Mit seiner vorgetäuschten Emsigkeit treibt er jene, die nicht muddln, in den Wahnsinn. Das scheinbare Beschäftigtsein trägt einen Leitsatz vor sich her: Mir machn schon, dass nischt wird. Denn Muddln ist, bewusst eingesetzt, passiver Widerstand, um groben Unfug zu überleben. Es funktioniert wie Meditation und ist die Fähigkeit, unangenehme Zeiträume mit erfindungsreicher Anpassungsgabe unbeschadet zu überstehen. Das hat der Sachse perfektioniert.

Bis jetzt, wo er plötzlich von Deutschen hofiert wird. Recht ist ihm das nicht. Aber er sitzt nun mal mit am Tisch der deutschen Einheit, um vom großen Kuchen zu naschen oder um selbst was aufzutischen. Einige Deutsche, die nach Sachsen kamen, um hier zu arbeiten, gar zu leben und sich inzwischen als Sachsen fühlen, sitzen mit dabei. Der Sachse glaubte sich tatsächlich eingeladen. Allerdings wollten die Deutschen ihn am Katzentisch platzieren, damit er die Restkrümel frisst. Denn sie verstehen ihn immer noch nicht, nicht seine

Sprache, nicht seinen Humor und erst recht nicht sein Gemuddl.

Den Sachsen hebt das nicht weiter an, er setzt sich gern zwischen alle Stühle. Egal, wo er sitzt. Die Deutschen müssen plötzlich mit ihm speisen. Und siehe da: Manchem und manchmal schmeckt sogar, was die Sachsen da anbieten, obwohl es doch bisher als geschmacklos galt.

Was ist da los im Staate Deutschland? Die Sachsen, lagen die nicht unterm Tisch, waren die nicht ausgestorben? Ausgestorben wie Saurier, Beutelwölfe, Vandalen oder Unterröcke? Die Statistik beweist das, denn die Deutschen irren sich statistisch betrachtet nie, sie sind ja Exportweltmeister der Statistik.

Rechnen wir doch mal zurück: Schon geschätzte 2000 Jahre vor Christus gab es erste Spuren frühmenschlichen Lebens im Elbe-Saale-Raum. Archäologische Grabungen brachten im Elbtalkessel zwischen Pirna und Gauernitz bei Meißen, dem Gau Nisan, eines Tages ein Zeugnis ans Licht, das die Kompendien der deutschen Geschichtenschreiber gehörig durcheinanderwirbelte. Eine einschneidende Zäsur, denn das ausgegrabene Metall entrostete sich als einschneidiges Schwert. Die meisten kennen es unter dem Terminus Sax.

Das Metall hielten Historiker bisher fälschlicherweise für ein Kampfschwert, weshalb sie die Sachsen als kleine Kampfgruppe betrachteten. Dabei ist das Sax nichts weiter als ein überdimensioniertes Zwiebelmesser, geschmiedet, um die Gemüsesuppe besser würzen zu können. Der Leipziger Geschichtenschreiber Jürgen Hart, Sachse hab ihn selig, bewies dies bereits statistisch in seinem Buch über die unglaubliche Historie Sachsens.

Später kreierten Porzellanmaler in Meißen übrigens das Zwiebelmuster, und auf der Unterseite des Meissener Scherbens finden wir zwei gekreuzte einschneidige Schwerter, genauso wie im kurfürstlich-sächsischen Wappen. Auch wenn die Schwerter eher Zahnstochern gleichen als einem Kampfgerät und die Zwiebeln auf dem Meissener Service gar keine Zwiebeln sind, sondern Granatäpfel.

Doch der Sax-Fund belegt, dass die Vorfahren der Sachsen schon hier siedelten, als weder von den angeblich ersten Siedlern, den germanischen Hermunduren, noch den slawischen Sorben die Rede war. Wie behauptet wird, sollen die Sachsen die Sorben ab 929 vertrieben haben wie die Amerikaner die Indianer. Nein, es ist genau anders herum: Die Sachsen flüchteten einst aus ihrem Land, weil sie sich mit den Hermunduren, einer Art West-Neandertaler des Frühmittelalters, die aus dem Westen Germaniens kamen, nicht vermischen wollten. Sie ließen ihre Hosen nicht runter, weil sie nicht als Elbtal-Hybriden enden wollten. Ihre instinktive Flucht bewahrte sie vor dem evolutionären Aus.

Die Legende sagt, dass ein Teil der Sachsen in die Lüneburger Heide flüchtete, wo sich einige niederließen. Das ist heute Nieder-Sachsen. Zwischendurch hielten sie an. Das ist das heutige Sachsen-Anhalt. Scherz lass nach, du bist umzingelt. Was jedoch stimmt, ist die Reise übern Kanal. Denn viele Sachsen gingen nach England, wo sie angelten, Siedlungen gründeten und ihre Sprache importierten.

Und was geschah im alten Sachsen? 1180 glich das Stammesherzogtum Sachsen dem heutigen Deutschland, Bayern und das heutige Sachsen ausgenommen. Aber Nieder-Sachsen, Nordrhein-Westfalen, Sachsen-Anhalt und Teile von Mecklenburg-Vorpommern und Schleswig-Holstein gehörten dazu, sämtliche deutschen Bindestrichländer, die es eigentlich gar nicht gibt, denn sie waren ja sächsisch. Doch dann war schon Schluss mit Sachsen: In ebenjenem Jahre 1180 musste Heinrich der Löwe erstmals etwas von jenem Alt-Sachsen abgeben, den östlichen Landesteil. In den vergangenen 831 Jahren teilte sich das sächsische Gebiet exakt 22-mal. Zuletzt 1945. Da blieb nichts übrig außer einem Rest.

Ja, sie müssten ausgestorben sein, die Sachsen. Denn jahrhundertelang standen sie auf Platz 1 der jährlichen Selbstmordstatistik. Mit 28,3 je 100 000 Einwohner deutlich mehr Opfer als bei der akuten Blinddarmentzündung. Die Sachsen standen stets so nah am Selbstmord, dass sie die erste Selbstmordstatistik Deutschlands aufstellten.[1] Das war 1784. Seitdem machte kein Deutscher den Sachsen den ersten Mordplatz streitig, weil sie immer die Schuld bei sich suchten und schuldbewusst sich selbst richteten. Doch im Jahr 2010 wurden sie geschlagen, die Sachsen: von den Bayern.

Die Deutschen sahen, wie der Sachse trotzdem überlebte. War er nicht endlich totzukriegen? Die Nationalsozialisten versuchten 1938 einen weiteren Todesstoß: Sie verboten ihm die Sprache, weil sie angeblich nicht rein deutsch, sondern jüdisch war. Der Sachse biss die Zähne zusammen und nuschelte weiter. Nach dem Zweiten Weltkrieg stellten die Deutschen den Sachsen erneut kalt, ließen ihn in der Schmuddelecke der Nation vergammeln, nahmen seinen Dialekt als höchste Albernheit des Kabaretts und größten anzunehmenden politischen Gau ins Lach-Programm. Die Sachsen hatten ja inzwischen mehr Kriege verloren als die Amerikaner und die Deutschen zusammen. Waren sie nicht ein Volksstamm, dessen Geschichte die Geschichte der Kapitulation ist, ein Verlierer voller Schuldkomplexe, der Sachse des Bösen, der stets bejaht und es gut meint, der das Sowohl-als-Auch als Ideologie pflegt? Deshalb traute ihnen keiner, deshalb blieb der Sachse auch weiter verdächtig.

Noch ein statistischer Beweis seiner Nichtexistenz? Nach 1945 flüchteten die Sachsen wieder aus ihrem Land, weil Besatzer aus dem Osten kamen. Bis zum Bau der Mauer zog jeder Sechste weg, und danach flohen sie massenhaft über den

Todesstreifen, nach statistischen Zählungen über zwei Millionen. Letztmalig gehört hatten wir 1952 vom Land Sachsen, als es komplett aufgelöst wurde und zu drei DDR-Bezirken mutierte. Ganze Städte wie Chemnitz verschwanden von der Landkarte.

Rein statistisch betrachtet kam der Sachse in Deutschland nicht mehr vor, er gehörte nicht dazu, dieser angeblich so sprachunfähige, landlose Selbstmörder. Vor 50 Jahren schrieb der Münchner Dieter Wildt das posthume Testament der Sachsen. Der heute über 80-jährige Journalist und Autor nannte sein Buch »Deutschland, deine Sachsen«.

Sachsen wandelte sich zum Endlager des kommunistischen Experiments, und der Sachse, der jetzt in drei Bezirken wohnte, sollte zum dämlichsten aller Michel mutieren. Leipziger, Dresdner oder Karl-Marx-Städter krebsten aus Sicht der Deutschen rum als Pappenheimer der Nation, die das ökonomisch stärkste Land der Vorkriegszeit in den volkseigenen Konkurs wirtschafteten. Die DDR-Sachsen verkamen zu Mauerschützen, zu Sowjetjüngern und Politbürovollstreckern. Den Leipziger Ulbricht schickten sie als Rache gegen die Deutschen nach Ost-Berlin. Nie zuvor hatte ein Sachse Deutschland regiert. Zwei Jahrhunderte deutscher Politik stellten die Sachsen auf den Kopf.[2]

Die Rest-Sachsen wurden hinter dem deutsch-deutschen Todesstreifen zurechtgestutzt, sodass man sie statistisch gar nicht mehr erfassen konnte. Kein Deutscher sah ihn mehr, den kleinsten aller Kleinbürger. Als 1978 zwanzigjährige Männer in Sachsen vermessen wurden, waren sie bis zu fünf Zentimeter kleiner als ihre Altersgenossen in Hamburg. Der Sachse ein Griehwadsch, ein Knirps, ein Krüppel? Der Sozialismus hatte ihn klein gehalten, er stieß überall an Grenzen, er konnte nicht über sich hinauswachsen. Aber er wäre nicht Sachse, wenn der Griehwadsch nicht zugleich das freche, kleine, unerzogene Kind gewesen wäre, ein renitenter Nachwuchs, der nachwuchs und überall anstieß. Irgendwann wurde ihm der Raum zu eng und die Decken der schönsten Villen fielen ihm auf den Kopf, weil sie lawede waren. Zudem wollte er es sich nicht mehr gefallen lassen, dass ein Schalck seine ganzen Schätze bis zum letzten Pflasterstein für Devisen verhökerte, von denen er nie was abbekam.

Als die letzten Sachsen 1989 die Revolution anzettelten und die Mauer fiel, flüchteten sie erneut. Hunderttausende. Als wären sie völlig heimatlos. Rein statistisch betrachtet gab es seit 1990 jährlich 20000 Sachsen und 2000 sächsische Haushalte weniger. In Sachsen gibt es jährlich 50000 Tote und 6,5 Milliarden Euro Schulden. Außerdem ist in Sachsen der Bierkonsum am höchsten in Deutschland, 205 Liter pro Kopf, 50 Liter mehr als in Bayern. Ein kleines Fluchtvolk im Delirium, wie sollte das überleben?

Nach 1990 verhökerte die Treuhand, was in den volkseigenen Betrieben der verbliebenen Sachsen nicht niet- und nagelfest war. Es schien geradezu, als sollte aus dem einstigen Industrie- ein Agrarland werden, eine einzige blühende Landschaft mit schwarzen Schafen am Pflock. Da gehörte plötzlich nichts mehr zusammen, da wurde alles auseinandergenommen.

Als 1993 Helmut Kohl den Sachsen Steffen Heitmann als Nachfolger Richard von Weizsäckers zum Kandidaten für die Wahl des Bundespräsidenten vorschlug, da trommelte es aus allen politischen Lagern Zetermordio. Der Mann sei ein nationales Unglück, ein rechter Konservativer, der laut Stern-Herausgeber Rolf Schmidt-Holtz »die Westentasche Helmut Kohls nur als Logenplatz der Weltgeschichte« missbrauche. Sein Befund: »überfordert und gefährlich«. Der »Spiegel« enttarnte Heitmann als »Kohls Grüßonkel für den deutschen Spießer«. »Ideal geeignet für eine späte Rache am Klugschei-

ßer Weizsäcker und allen, die die Birne nie ganz für voll genommen haben«, so formulierte es die Wochenzeitung »Die
Woche«. Ein Sachse als Bundespräsident, das war im Jahr 1993
einfach zu viel. Es konnte nicht sein, was nicht sein durfte.

Dass der Sachse nicht totzukriegen ist, dass er noch immer
existiert, muss, rein statistisch betrachtet, ein Rechenfehler
sein, eine Wahrscheinlichkeitslüge, der kleinste gemeinsame
Nenner der historischen Abrechnung. »Sachsen, Sachsen! Ey!
Ey! Das ist starker Tobak!«, meinte einst der alte Goethe. Der
Islam gehört zu Deutschland, wulffte ein Bundespräsident.
Dass der Sachse dazugehört, traute er sich nicht zu sagen,
sonst hätte es sein Nachfolger Gauck vielleicht ebenfalls zu-
rücknehmen müssen.

Hinter vorgehaltener Hand fragen sich die Deutschen des-
halb heute umso mehr, wer sie eigentlich sind, diese Sachsen: Scheene Rebublikaner, wie der letzte Sachsenkönig sagte.
Oder sind das alles alte SED-Genossen im Demokratenlook,
ehemalige Blockparteimitglieder oder Blockwarte, morgens
Neonazis und abends Kaffeesachsen, halbe Trottel oder ganze
Terroristen, Buchhalter oder Buchmacher? Wölfe im Schafs-
pelz oder Schafe im Wolfspelz? Oder andersrum oder beides?
Oder tun sie nur so? Tun die Sachsen vielleicht immer nur so?
Und vor allem lautet die Frage aller Fragen: Sachsen, wollt ihr
ewig leben?[3]

Der lebendige Sachse

Lebt denn der Sachse noch? Ja, er lebt noch. »Ewige, ewige Sachsen«, schrieb Kurt Tucholsky. Ewig dieser Sachse. Er wurde totgeredet, ihm wurde das Land geteilt, seine Siedlungen mehrfach in Scherben gehauen. Doch immer nahm er seinen Scherbenteil und begann, alles wieder zusammenzubasteln. Er erfand sogar das erste deutsche Scherbengericht, das er sich von den antiken Griechen abschaute. Dort war auch nicht alles schlecht. Das Verfahren hilft, unliebsame oder zu mächtige Bürger aus dem politischen Leben des Landes oder der Stadt zu entfernen.

Wenn der Sachse will, greift er durch. Er ist der Resteverwerter seiner eigenen Katastrophen, in deren Ergebnis er resistent wurde gegen Krisen, vor allem gegen die eigenen. Die Leipziger Mundartdichterin Lene Voigt schrieb: »Was Sachsen sin von echtem Schlach, die sin nich dod zu griechn, drifft die ooch Gummer Dach fier Dach, ihr froher Mut wärd siechn.« Deshalb lebt er noch, der Sachse. Ein gutes Kraut vergeht nicht gern.

Dem Deutschen wird mulmig, er beginnt an sehr seltsame Dinge zu denken, wenn er an den Sachsen denkt. Der scheint alle zuvorkommend und warmherzig zu behandeln, aber er ist nicht nur höflich, sondern angeblich besonders heemdiggsch. Seine herzliche Therapie habe das Ziel, dem

Deutschen bei lebendigem Leibe das Herz in der Brust herumzudrehen. Ein Gespenst geht um in Deutschland – der Sachse? Wolfgang Kartte, einstiger Präsident des Bundeskartellamtes, sagte: »Wir müssen aufpassen, sonst fressen uns die Sachsen in fünf Jahren kalt zum Frühstück.« Sachsenfresser! Denkt er an Sachsen in der Nacht, dann ist er um den Schlaf gebracht. Solch ein Deutscher erlebt zurzeit eine Unruhe und Veränderung, die nach seiner Meinung durch das sächsische Kraut hervorgerufen wird. Das kannte er bisher nicht, denn er hielt es ja für ausgestorben. Diesem Deutschen graut es vor dem Kraut. Er ist verwirrt und meint, er hätte es vernichtet. Aber es lebt noch, ja, es lebt noch.

Der Sachse, so sagen Deutsche, vermehrt und verbreitet sich in seiner Anmaßung im gut geharkten deutschen Vorgarten wie fremdes Kraut – wie Rosmarin etwa –, das er nicht mehr loskriegt und welches das saubere Beet verwildern lässt. In einigen deutschen Dörfern reagieren bereits, rein statistisch betrachtet, über 99 Prozent der Bevölkerung allergisch auf das Grünzeug. Oft völlig unverhofft, denn meistens bleibt diese Pflanze unerkannt. Zu alltäglich ist ihre Gestalt, zu geschickt ihre Anpassungsgabe an die deutsche Flora und Fauna, zu groß ihre Ähnlichkeit mit dem einheimischen Beifuß. Diese Kräuter gehen, ausgestattet mit Zähigkeit, den Weg des geringsten Widerstandes. Und da Widerstand in Deutschland ausgestorben ist, schreitet die Zuwanderung und Zunahme des Krauts rasant voran. Teilweise unkontrollierbar. Deshalb schlagen die Deutschen jetzt Alarm und warnen vor einer möglichen Invasion.

Seit über 20 Jahren kommt der Sachse ungehindert aus dem fernen Osten rein nach Deutschland, wie Rosmarin vom Ionischen Meer. Rein statistisch betrachtet leben inzwischen etwa 4,2 Millionen Sachsen im Grenzbereich zu Böhmen und Polen, und weit mehr als 200 000 siedelten sich zum

Beispiel in und um München an. Die Dunkelziffer liegt viel höher. Dabei sind sie weder katholisch noch sprechen sie deutsches Deutsch, sagt der Deutsche. Aber sie dürfen rein und raus und raus und rein und sich ungeschützt vermehren. Sie mehren, rein statistisch betrachtet, im Übrigen viel mehr als beispielsweise die Bayern. Der deutsche Bayer stutzt und fragt: Wissen Sie, was passiert, wenn sich Minderheiten mischen und vermehren? Er wartet nicht auf die Antwort, sondern sagt: Sie werden zur Mehrheit! Und weiter sagt der Bayer: Die Jahrhunderte mehrende …, pardon, währende Allmacht der CSU ist schon gebrochen. Kruzitürken noch einmal!

Er erregt sich, der Bayer. Denn der Sachse geht in seinen Augen besonders heimtückisch vor. Er schlägt keinen Lärm in den bayerischen Wäldern wie die Sudetendeutschen, er marschiert nicht mit Trachten und Fahnen über die Marktplätze wie die Ostpreußen, er läuft auch nicht mit Trommeln und Fanfaren über die bayerischen Fußgängerzonen wie die Schlesier.[4] Nein, der Sachse kommt leise angeschlurft. Unbemerkt.

Und der Deutsche denkt: Da fragt sich noch einer, was die Ursache der Krise ist!? Wer bitte hat denn den Deutschen in seiner Wunderwirtschaftskomfortzone gestört, dass er nun bald aus dem Blechnapf fressen muss? Wer hat denn dem Deutschen das Begrüßungsgeld aus den Rippen geschnitten, um dann die Bayerischen Motorenwerke aus dem Land zu schleppen? Das ist nicht mehr mein Deutschland, sagt der Deutsche. Deutschland ist nicht mehr sein Land.

Die Russen sind weg, aber der Sachse ist da. Plötzlich und unerwartet kam er über Deutschland. Den Russen kannte der Deutsche, weil der seine Großmannssucht in den kalten Weiten Sibiriens erfrieren ließ und ihm seine Grenzen zeigte. Er kannte auch den Polen, den er einst ebenso überfiel, aber der Sachse war ihm abhandengekommen. Die meisten Deutschen glaubten, der Sachse sei endgültig untergegangen. Aber jetzt taucht er auf, schwimmt sich frei. Dabei hat er weder die größten Seen noch die breitesten Flüsse, auch kein Meer, aber, rein statistisch betrachtet, dreimal so viel Schwimmvereine und Angler pro Kopf wie ganz Deutschland. So ist er, der Sachse: wasserscheu, aber nassforsch. Aber nur wenn es sein muss. Er will die anderen nicht stören, er macht das alles eigentlich nur für sich. Mir machns uns daheeme schön gemietlich, sagt der Sachse, der der Einzige ist, der auch zu Hause Heimweh hat.

Er pflegt seine heimatlichen Gefühle wie die Heilpflanze Rosmarin, er bäbeld sie off, verwöhnt sie und hat sich dabei über die Jahrhunderte scheinbar nicht verändert. Durch den Eingang wird er rausgeschmissen, durch die Hintertür kommt er wieder rein. Wenn morgens ein Außendienstler an die Tür klopft und der Hausfrau einen Staubsauger verkaufen will, da hat sie schon einen. Denn ein Sachse war schon da. Er lebt ja noch und ist so verdammt fleißig. Er schaffte nicht wie der Schwabe schafft, er aggord, buggld, malochd, oggsd, rabodded und wierschd. Er rammeld. Nein, nicht wie die Hasen im Stall. Rammeln heißt auf Sächsisch arbeiten, arbeiten und nochmals arbeiten. So schafft er sich was. Er hat ja was nachzuholen. Mit Nichtstun hat der Sachse keine Erfahrung, denn Nichtstun hat den Nachteil, dass man nie weiß, wann man fertig ist. Der Sachse folgt dem segensreichen Motto: Ora et labora, auf Sächsisch: Bäde un ar... – immer im Kreis herum – ...bäde. Bäde un arbäde.

Als Obama im Juni 2009 Dresden besuchte, erinnerten sich die Dresdner seines Slogans »Yes we can!« und verkauften T-Shirts mit dem Aufdruck »Nu, mir gönn!« Die sächsische Könnerschaft ist keine bloße Behauptung, schrieb danach der Berliner Schriftsteller Thomas Brussig: »Sie ist, wie ich seit einem unvergesslichen Privatvortrag bei Dresdens Heimatforscher Matz Griebel weiß, historisch gewachsen. Die Besiedlung Sachsens spielte sich binnen 200 Jahren ab, nachdem der Markgraf seinen Neubürgern Steuerfreiheit versprochen hatte. Die seinem Ruf folgten und in unbewohnte Wälder gingen, mussten gleichzeitig Bäume roden, Behausungen bauen, für Nahrung und Wärme sorgen. Sie kamen, um eine neue Heimat zu suchen, und ihre Heimat wurde – die Arbeit.«

Jetzt also ist es so weit, jetzt will der sächsische Griewadsch plötzlich wieder groß werden. Aber was weiß der Deutsche denn von diesem Lebewesen? Er weiß nur Kleinigkeiten: Der Sachse wohnt in Kleinstädten, die verbunden sind mit Kleinbahnen, die er selbst erfand und Saxonia nannte. Es war die erste in Deutschland gebaute Lokomotive, konstruiert von einem Sachsen: Johann Andreas Schubert, geboren 1808 in Wernesgrün, gestorben 1870 in Dresden. Der Sachse erfand Kleinkram, um es sich mit seiner Kleinfamilie in Kleinkleckersdorf gemütlich zu machen: Teebeutel, Kaffeefilter, Thermoskanne, Bierdeckel, Klöppelspitzen, Mundwasser. Der Sachse liebt Miniaturen, tüftelt an Uhrwerken herum, ernährt sich aus seinem Kleingarten, den er ebenfalls selbst erfand. Der erste Kleingärtner hieß Daniel Gottlob Moritz Schreber, geboren 1808 in Leipzig und 1861 daselbst gestorben. Der Sachse, ein Schrebergärtner, der seinen Rosmarin pflegt. Der Sachse ernährt sich von kleinem Gemüse, von Kleintierhaltung, schuftet in Kleinbetrieben oder als Kleinunternehmer. Der Kleinbürger rechnet alles bis ins Kleinste nach, kleinlaut friemelt er kleinklein an kleiner Kleinkunst, spielt auf Kleinkunstbühnen, fotografierte als erster Mensch mit der Kleinbildkamera, produzierte einst den ersten deutschen Kleinwagen, den DKW. Saurier hält der Sachse in Kleinwelka, wandern geht er im kleinsten deutschen Gebirge, das auf Sand gebaut ist, dem Elbsandsteingebirge, und nennt es Kleinod. Der Obstbauer David Klein aus Kleinnaundorf erfand den Kleinen Feigling. Wie kleinlich! Nein. Ein kleiner Sachse, er hieß Sigmund Jähn, kam ganz groß raus, er flog in einer Rakete als erster Deutscher ins All. Er passte eben rein in die winzige Kapsel.

Wieso wird dieser angeblich so mickrige Bundesclown jetzt hofiert? Er klettert heraus aus der Schmuddelecke der Nation. Im Jahr 2011 inszenierte der Schattenmann des Film-boulevards, Dieter Wedel, in Dresden ein Stück über August den Starken und überschüttete das kleine Beitrittsland mit Hymnen über dessen Schönheit, Liebenswürdigkeit, Freund-lichkeit und Großartigkeit. Großartig, hat der Regisseur ge-sagt. Groß und artig.

Ja, Wedel sah, dass der Sachse neben Kleinigkeiten auch VW-Luxuskarossen in einer Gläsernen Manufaktur, Luxus-rennwagen von Porsche in Leipzig baut, dass er Luxusbier braut und damit vor jedem TV-Blockbuster wirbt, dass er Lu-xuswein keltert, Luxusopern in Deutschlands berühmtestem Opernhaus spielt und einen Opernball zelebriert, schöner als in Wien, dass er Luxusuhren in Glashütte zusammensetzt, die besser gehen als die Schweizer, dass er im Erzgebirge Lu-xus-Rasierpinsel herstellt, weltweit Jachten mit Luxusmobi-liar aus Hellerau ausrüstet, Luxusporzellan brennt, das jetzt als Meissener zur luxuriösen Weltmarke getrimmt wird, und Glasfassaden an den Banktempeln in Hongkong und Shang-hai beschichtet. Exklusive Kultur in exklusiver Landschaft.

Was kann er noch, der Sachse? Die erfolgreichste Pop-Nachwuchsband der 1990er-Jahre, die Prinzen, kommt aus Leipzig, der Gründer von Rammstein, Till Lindemann, wur-de 1963 in Leipzig geboren, die Hit-Abräumer der 2000er-Jahre, Silbermond, kommen aus Bautzen, Polarkreis 18 aus Dresden und Kraftklub aus Chemnitz. Tokio Hotel feiert seit

2008 in Europa und jetzt in Amerika Triumphe. Das Front-Zwillingsbrüderpaar Bill und Tom Kaulitz wurde 1989 in Leipzig geboren. Der teuerste zeitgenössische Maler, Gerhard Richter, ein gebürtiger Dresdner, der berühmteste deutsche Maler der Neuzeit, Neo Rauch, ein Leipziger, der beliebteste Tatortkommissar, Jan Josef Liefers, ein Dresdner, der bedeutendste Romanschreiber der vergangenen Jahre, Uwe Tellkamp, ein Dresdner, Bestsellerautorin Sabine Ebert, eine Freibergerin, genau wie Olaf Schubert, einer der beliebtesten deutschen Comedians.

Sehr lebendig scheint dieser Sachse zu sein, so lebendig, dass einer von ihnen nach Helmut Schön, der von 1964 bis 1978 als Fußball-Bundestrainer arbeitete, unlängst gar als Kapitän die deutsche Nationalmannschaft führte. Unfassbar für all jene, die den Sachsen lieber im Abseits sehen. Der Görlitzer Ballack war hart dran am Ball. Der Sachse bäbbeld eben gern. Wobei auch hier auf den feinen sprachlichen Unterschied zu achten ist. Bäbbeln, Fußball spielen, ist gemeint, nicht betteln. Muss er nicht, nein, der Sachse sitzt sogar im Sportvorstand des FC Bayern München, Matthias Sammer, der bei Dynamo Dresden begann, Fußball zu spielen. Eine Sächsin, Katarina Witt aus Chemnitz, stand als einstige Eiskunstlauf-Königin, als schönstes Gesicht des Sozialimus, an der Bewerberfront, um die Olympischen Spiele nach München zu holen.

Überhaupt der Sport: Im Sozialismus begannen die Sachsen olympische Goldmedaillen einzusammeln, dass die Deutschen vor Neid auf dem Startblock erblassten. Es begann mit Ingrid Krämer, die so kunstvoll wie sonst niemand ins Wasser, mit Manfred Preusger, der so hoch wie kein anderer mit dem Stab, Helmut Recknagel, der so weit wie niemand mit dem Ski, und Karin Balzer, die so schnell wie keine über 80 Meter Hürden sprang. 1968 und 1972 siegte der Meißner

Frank Forberger bei Olympia im Vierer ohne Steuermann. Der Leipziger Wolfram Löwe holte 1976 mit der DDR-Nationalauswahl Olympiagold im Fußball.

Aber da waren auch andere stark. Typisch sächsisch, nutzte der Sachse seine Chance in Sportarten, die andere noch nicht so recht für sich entdeckt hatten. Der Winter gehörte den Sachsen. Beispiele? Der Erzgebirgler Jens Weißflog ist der erfolgreichste deutsche Skispringer, ihm folgte der Erlabrunner Sven Hannawald. Die Erzgebirglerin Barbara Petzold-Beyer siegte bei Olympia 1980 zweimal im Skilanglauf, die Klingenthalerin Marlies Rostock ebenfalls. Beim Rennrodeln kam in den 1980er-Jahren keine an der Schlemaerin Steffi Martin vorbei, in den 2000er-Jahren niemand an der gebürtigen Karl-Marx-Städterin Sylke Otto, der erfolgreichsten deutschen Rennrodlerin aller bisherigen Zeiten. Im Biathlon gehörte in den 2000er-Jahren der Pirnaer Michael Rösch zu den Besten. Der Erzgebirgler Harald Czudaj siegte als Bobfahrer bei Olympia, der Dresdner Jan Hoffmann wurde Eiskunstläufer von Welt wie die Chemnitzerin Katarina Witt, die Dresdnerin Katrin Enke jagte als schnellste Frau der Welt über das Eis.

Noch mehr sportliche Sachsen? Der Dohnaer Bahnradsprinter Jens Fiedler radelte auf den Weltmeisterrang und erfuhr Gold bei Olympia, der Dresdner Jan Hempel sprang sich zum erfolgreichsten deutschen Wasserspringer, die Leipzigerin Kristin Otto, heute ZDF-Sportreporterin, schwamm als erfolgreichste deutsche Schwimmerin durchs Olympia-Becken. Sie alle kämpften mit allen Mitteln, Tricks und unglaublicher Hartnäckigkeit. Sportschulen existierten überall, die Deutsche Hochschule für Körperkultur in Leipzig feierte mit ihren Absolventen zu DDR-Zeiten in der ganzen Welt ihre größten Erfolge, mit wissenschaftlicher Raffinesse und staatlich gefördertem Ehrgeiz.

Sportlich blieben die Sachsen bis heute, aber reicht ihnen ihr Land noch aus? Seit Jahren liegen in den Schubladen der sächsischen Staatsregierung Pläne, den Freistaat nach Westen auszuweiten. Freilich friedlich, aber nach und nach. Ja, die Sachsen würden Thüringen und Sachsen-Anhalt am liebsten integrieren, weil ein sächsisches Mitteldeutschland viel stärker wäre als die drei neuen Bundesländer, von denen zwei gerade an ihren Schulden zugrunde gehen. Die Bayern klagen, weil sie immer an die armen Bundesländer, vor allem im Osten, geben, geben, geben müssen, obwohl auch sie früher genommen haben, was es gab. Aber wenn es ein starkes mitteldeutsches Sachsen gäbe, könnte aus drei Nehmerländern ein neues Geberland entstehen.

Schauen wir weiter und noch tiefer: Der Sachse entwickelte für sich einen Wertemix aus moderner Lifestylecoolness und traditioneller Bodenständigkeit. Jetzt wird es soziologisch: Diese Balance aus Ich- und Wir-Gefühl zeigt jetzt auch in der Spaßgesellschaft der alten Bundesrepublik Wirkung. Denn die Unsicherheiten wachsen, die demografische Entwicklung bedroht den Sozialstaat, vor allem das Gesundheitssystem und die Renten, die steigende Angst vor Terrorismus, Atomgefahren und Folgen des Klimawandels beeinflusst das Leben aller Deutschen. Statt Individualität und Hedonismus sind immer mehr andere Werte gefragt. Die Flucht vor den Problemen in den Konsum, die Gleichgültigkeit der Wohlstandsbürger funktioniert nicht mehr durchgängig als Lebensstrategie.

Die CDU-Bundesregierung gab schon 1992 eine Studie in Auftrag, die herausfinden sollte, ob der Ostdeutsche, respektive der Sachse, aus der proletarisierten Gesellschaft überhaupt reif sei für die Demokratie, verlässlich und moralisch gefestigt. Gerhard Schmidtchen vom Sozialpsychologischen Institut der Universität Zürich durfte den Fall untersuchen.

Die Ergebnisse widersprachen allen Erwartungen der Bonner Auftraggeber. Denn die Sachsen stürzten keinesfalls aus einer proletarisch dominierten Kultur in ein bürgerliches Wertevakuum, sondern sie waren moralisch gut gerüstet. Wärglisch? Wirklich! Zwar waren sie nicht bibelfest, dafür aber christlicher eingestellt als die Brüder und Schwestern aus dem Westen. Durfte das sein? Die Studie wurde nicht veröffentlicht, kam in den Giftschrank, und erst nach dem Regierungswechsel 1998 wurde sie herausgeholt. Das schreibt der Marketingexperte Alexander Mackat in seinem Buch »Das deutschdeutsche Geheimnis«.

Professoren der Technischen Universität, die aus den alten Bundesländern nach Sachsen kamen, beschreiben noch heute, dass sie bei ihrer Ankunft Mitte der 1990er-Jahre das Gefühl hatten, plötzlich in den 50er-Jahren der Bundesrepublik gelandet zu sein. Ja, nach drei Gläsern Wein erzählen sie das gern. Das Gefühl wäre zum einen aufgekommen, weil die Innenstädte so runtergekommen aussahen wie damals im Westen nach dem Krieg, zum anderen aber, weil die Menschen viel deutscher schienen als in ihrer Heimat in Heidelberg, Aachen, Hamburg oder München, wo man diese Wertevergangenheit längst abgelegt hatte.

Drei Erklärungen für diese Werteorientierung liefern die Soziologen: 1. Moralische Werte wie Vertrauen und Gemeinschaft seien eine Reaktion auf die totalitäre Gesellschaft, um sich in einer Nische eine menschliche Parallelwelt einzurichten. 2. Die christlich anmutenden Ansprüche wie Hilfsbereitschaft, Gerechtigkeit und Bescheidenheit seien die Folge des Einflusses der sozialistischen Ideologie, die auf moralische Verhaltensweise orientierte. 3. Ursache sei der unterschiedliche Umgang mit dem Faschismus. Während in der BRD die 68er-Generation die traditionellen Werte der Kriegsgeneration wie Pflichtbewusstsein, Gehorsam und Disziplin verantwortlich machte für das Entstehen des Faschismus und sie deshalb ablehnte und bekämpfte, glaubte man sich in der DDR von vornherein auf der besseren, der antifaschistischen Seite und verzichtete daher auf die selbstreinigende Aufarbeitung der Nazi-Zeit. Deshalb, so sagt Thomas Gensicke, konnten in der DDR die typisch deutschen traditionellen Werte nicht nur überleben, sie wurden sogar gefördert. »Fleiß, Disziplin, Ordnung und Pflichtbewusstsein passten perfekt in das System der Unterordnung und sicherten seine Existenz. Solidarität, Zusammenhalt und Selbstlosigkeit rundeten die sozialistische Persönlichkeit geradezu vorbildlich ab.«

Es wäre fatal zu glauben, dass diese Ansprüche von jeder Frau oder jedem Mann in der DDR umgesetzt worden wären; nein, es gab bekanntlich genau dagegen Widerstände, aber wirkungslos blieben sie insbesondere bei einem großen Teil der Nachkriegsgeneration nicht.

Mit dieser Werteorientierung sahen sich die DDR-Sachsen nach 1989 mit einem anderen Wertesystem konfrontiert und passten sich bei allem Ungemach schnell an, schließlich besitzten sie eine erstaunliche Anpassungsgabe. Karl-Siegbert Rehberg beschreibt die entscheidenden Phasen: Auf die euphorische Zeit mit einem enthusiastischen Willen zu den Werten des Westens folgte aus der Enttäuschung, dass sich das Westniveau im Osten nicht sofort einstellte, schon Ende 1991, Anfang 1992 das Gefühl der Annexion mit resignierter Akzeptanz. Die meisten ehemaligen DDR-Bürger arrangierten sich, nahmen die neuen, modernen Werte an, blieben ihnen gegenüber jedoch kritisch, gaben zugleich die alten nicht auf, denn sie konnten sie in der neuen Krisensituation offensichtlich gut gebrauchen. Der Ernüchterung folgte Ende der 1990er-Jahre die Selbstbesinnung mit einer Melange aus Angepasstheit und Eigensinn, verbunden mit wachsendem

Selbstbewusstsein. Na klar, das Sein bestimmt das Selbstbewusstsein, lernten die Sachsen. Bald erfuhren sie, dass auch der Schein das Selbstbewusstsein bestimmen kann.

Was wurde daraus? Eine Mischung aus fortschreitender Individualität und zunehmendem Egoismus, Freiheitswillen, Toleranz und Kreativität auf der einen Seite, auf der anderen Seite aber zugleich der Wunsch nach sozialer Sicherheit, Gemeinschaft, Vertrauen und Gerechtigkeit zeichnet den Sachsen heute aus. Und das ist ein Ergebnis seiner Geschichte und der Wiedervereinigung. Der harte Bruch, einhergehend mit enttäuschten, aber zugleich erfüllten Hoffnungen, bewirkte eine Neuorientierung, die viele zu pragmatischen Realisten werden ließ. Die Probleme wurden angepackt, die Entwicklungen zugleich kritisch betrachtet, die Verbundenheit mit der eigenen Region prägte sich stark aus. Die Identitätsstiftung erfolgt über das eigene Bundesland, nicht die ehemaligen Grenzen der DDR. Heimatverbundenheit, die wieder erstarkende Identifikation mit den alten Landsmannschaften und die Renaissance der Mundarten gehören zum neuen Wertesystem und kommen dem Bedürfnis nach Orientierung entgegen.

Eine Infratest-Studie sagt, dass 95 Prozent der Deutschen wollen, dass Höflichkeit, Anstand und Ordnung wieder wichtiger werden. Die Mehrheit wünscht sich Regeln, althergebrachte Tugenden und Rituale. Die neueste Shell-Jugendstudie sagt, dass Leistung, Fleiß, Sicherheit, Ordnung und Geborgenheit wieder wichtiger werden. 72 Prozent der Jugendlichen sind der Auffassung, dass man Familie zum Glücklichsein braucht. Die Jugend folgt altbürgerlichen Prinzipien, hat sie aber von ihrem Staub befreit. Es findet eine Angleichung der Werte in Sachsen und Bayern statt, moderne und traditionelle Werte mischen sich. Doch während der Sachse angeblich darauf wartet, sich den Deutschen im Westen anzugleichen, nähert sich dieser Deutsche, ohne es tatsächlich zu wollen, dem Sachsen an. Ach du Schreck!

Die Deutschen hätten es wissen können, dass sich was ändert in ihrem Land, wenn sich die Sachsen aufrappeln. Sie stellten nämlich einst einen deutschen Kaiser. Außerdem gibt es zudem eine Steigerungsform von Deutschland: Saksa. Ja, Saksa heißt Deutschland, folglich heißt umgekehrt Deutschland Sachsen. Die pisaschlauen Finnen führen den Namen Saksa im Vokabular. Sie übernahmen in den 1980er-Jahren übrigens aus Sachsen das System der Bildung, bloß nach 1990 sollte sich keiner mehr daran erinnern. Die Sachsen erinnerten sich, ließen ihren Nachwuchs büffeln statt Fächer abwählen und wurden zum deutschen Pisa-Musterschüler. Sie sind mittlerweile Deutschlands Musterschüler, zumindest, wenn man den Statistiken glaubt. Der »Bildungsmonitor« sieht Sachsens Schüler vorn, eine vorbildliche Haushaltsdisziplin sorgt für Schuldenabbau, und in keinem anderen Bundesland arbeiten anteilig so viele Hochqualifizierte.

Gebildete Sachsen im Zwölfklassensystem als Vorbild. In Altbundesländern wurde plötzlich das 13. Gymnasialjahr abgeschafft. Gegner nannten die Variante Turbo-Abi für Arme und die neuen Schulen Leeranstalt statt Lehranstalt. Den Sachsen kümmert's nicht, er kennt ja seine Pappenheimer und exportierte sein Bildungssystem munter weiter. Während andere Bundesländer bis heute nicht wissen, wie Kita geschrieben wird, existieren im Freistaat schon seit Langem flächendeckend Kinderkrippen, Kindergärten und Horte. Das lässt ahnen, wie wirkt, was der Sachse gelernt und erprobt hat. Schreck, lass nach!

Sachsen durchziehen jetzt ausgebaute Landstraßen und Autobahnen, die inzwischen bis ins kleinste Kaff führen und in die Städte, vollgefüllt mit strahlenden Villen. Braunkohlengebiete rund um Leipzig oder in der Lausitz verwandelten sich in den vergangenen Jahren in Seenlandschaften mit Jachthäfen, alte Wismut-Schächte in Erlebnisbergwerke, stinkende Chemiestandorte wie Bitterfeld in Solarwelten. Wissenschaftler forschen in so vielen Instituten von Helmholtz, Leibniz, Max Planck oder Fraunhofer wie sonst nirgends in einer Region in Deutschland. Mikroelektronik, Nanotechnologie, Chipindustrie, Telekommunikationsunternehmen. Silicon Saxony baut Visionen. Dresden und Leipzig feierten sich in den 1990er-Jahren regelmäßig als die dynamischsten Städte Deutschlands, die Bevölkerung wächst konstant, seit 2000 darf sich die Elbestadt als Babyboomcity bezeichnen. Blöder Einfall einer Marketingagentur. Die Dresdner freuen sich einfach, dass hier die meisten Kinder von allen 15 deutschen Großstädten geboren werden, 113 auf 10 000 Einwohner, Leipzig folgt dichtauf mit 105 Babys. Das heißt Zukunft.

In der ältesten deutschen Messestadt, in Leipzig, baute sich der Sachse gleich nach der Revolution ein platzüberspannendes Glashaus für die Händler, und das wurde und wird aus Frankfurt am Main misstrauisch beäugt. Da wächst was groß, was nie dazugehörte, meinen die anderen, die die deutsche Geschichte nur ohne Sachsen kennen. Dresden feierte sich im neuen Jahrtausend als erste deutsche schuldenfreie Großstadt. Nuguggemada. Die Kommune verkaufte 2006, kurz bevor die Finanzkrise ausbrach, für knapp eine Milliarde Euro ihre Wohnungsbaugesellschaft. Die Stadträte hatten ihre Ökonomie des Kapitalismus studiert. So schnell lernt der Sachse und wird zum Finanzprimus.

Die Sachsen haben mit der TU Dresden zudem die einzige Elite-Universität für Spitzenforschung in den neuen Bundesländern. Die einzige, die anderen zehn befinden sich in Berlin und den alten Ländern. Die älteste deutsche Universität steht übrigens in Leipzig, hervorgegangen aus der Prager, gegründet im Jahr 1348. Und jetzt in Sachsen eine Universität für die deutsche Elite. Die spinnen doch, die Sachsen, sagen deshalb die Deutschen.

Vielleicht spinnen sie wirklich. Ihr erster Ministerpräsident nach 1990 stellte sich gegen Helmut Kohl und Europa, sobald einer seinem Freistaat schaden wollte. Er holte Milliarden Subventionen ins Land und machte es so wirtschaftsstark wie keines der anderen fünf neuen Länder. Die Reindustrialisierung gelang, vor allem der kleinteilige Mittelstand trägt das Land. Biedenkopf leistete es sich, das Stadtschloss der Wettiner mitten in Elbflorenz weiter aufbauen zu lassen. Allerdings stand da noch was, im Gegensatz zu Berlin, wo das Stadtschloss auf den Fundamenten des Palastes der Republik aus dem Nichts reproduziert werden soll.

Das Dresdener Schloss wurde und wird saniert. Ein eigensinniger Bau, der zum einen die Verteidigung der Ruine zu DDR-Zeiten würdigt und das selbstbewusste Recht der Sachsen auf die Zukunft der eigenen Vergangenheit widerspiegelt. Zum anderen profitierte der Wiederaufbau seit der Wiedervereinigung von der in Sachsen gepflegten konservativen Politik und dem Streben der neuen sächsischen Regierung nach Repräsentanz.

Ja, der Sachse hat überlebt und wird hofiert. Dass die Sachsen die friedliche Revolution auslösten, hat dazu beigetragen, aber nicht gereicht. Die Sächselnden hatten gewonnen, die Sieger aber waren sie zunächst nicht. Sie wollten ihr Recht und bekamen einen Rechtsstaat. Sie wollten ihre Freiheit, doch in den ersten Reihen war schnell für sie kein Platz mehr frei. Sie blieben verdächtig. Viel zu lange. Sie ließen sich nicht stören und mährdn vor sich hin. Strebsam, wie sie schon immer waren. So bastelten sie unbemerkt da unten im fernen Osten Deutschlands ihr Musterland zusammen. Immer an der Tradition entlang.

Die Sachsen haben die Solidarbeiträge nicht verfressen, sondern investiert. Sie holten sich die schlauen Deutschen aus München oder Hamburg, die jetzt die besseren Sachsen sein wollen. Die Dummen gingen von selber wieder oder unter. Die Sachsen, sie leben lebhafter denn je. Das will keiner verpassen. Dieter Wedel sagte: »Die sächsische Geschichte hat alles, was ich brauche: Liebe, Intrige, Geld, Tod und Leben. Da können die Deutschen bei den Sachsen viel entdecken. Sachsen ist reif für Hollywood.« Der Sachse denkt, macht nur, wenn ich da ni mitmachn muss. Er lächelt in sich hinein, und noch bevor der andere sieht, wie er lächelt, reißt der Sachse schnell einen Witz. Denn Humor ist sein Überlebensmittel.

Der komische Sachse

Der Sachse ist lachhaft. Deshalb haben ihn die Deutschen zu ihrer nationalen Witzfigur erklärt. Deutschland lacht sich schlapp. Über einen muss man ja lachen können, wenn es sonst in diesem Land nichts zu lachen gibt. Alle Vorurteile, die sich finden lassen, bekommt der Sachse aufgeladen und mit Schadenfreude quittiert.

Der Sachse ist nicht unschuldig daran, denn er eignet sich hervorragend als Lachopfer, weil er sich freiwillig opfert, er spielt den, nein, er ist der Witz der Nation. Er macht sich lächerlich, um mit vorgetäuschter Schwäche durchzukommen. Sein Humor ist sein Überlebensmittel. So bleibt er in der deutschen Geschichte die Ausnahme von einer witzlosen Regel, denn der Deutsche an sich ist humorlos.

Der echte sächsische Witz spielt sich im Alltag ab, zum Beispiel im Schrebergarten, am Stammtisch, zu Hause in der Küche oder bei der Geburtstagsfeier, an der Bushaltestelle, im Zugabteil oder in der Straßenbahn. Sagt der eine Sachse zum anderen: »Du, als ich gestern mit dor Viere nach Connewitz gefahrn bin, weeste, wer da in dor Bahn neben mir stand? Beethoven!«, sagt der eine. Sagt der andere: »Das gloob isch dir nich!« – »Wieso dänn nich?« – »Das gloob isch Dir nich.« »Aber wieso dänn nich?« – »Dä Viere fährt gar nich nach Connewitz.« Oder: Ein Sachse sitzt im Zug, der an der Gren-

ze zur Schweiz hält. Da kommt der Zoll und fragt: »Zigaretten? Spirituosen? Kaffee?« Der Sachse: »Nee danke, ich bin
eingedeggt.«

Der Deutsche versteht den sächsischen Humor nicht. Warum? Ganz einfach: Der Sachse kann herrlich lächeln, doch
der Deutsche denkt sofort: Warum lächelt der? Lacht er mich
aus? Wenn einer trotzdem nicht lacht, dann ist es ein Deutscher. Die Depression hat in Deutschland Hochkonjunk-
tur. Deshalb heißt der Deutsche weltweit Trauerkloß, er reist
als Botschafter der spaßlosen Gesellschaft um den Globus.
Schließlich entsteht der Witz aus der Fallhöhe zwischen Ideal
und Wirklichkeit. Doch weil der Deutsche hier meistens
nicht sonderlich tief fällt, fällt ihm im wirklichen Leben kein
Spaß mehr ein. In seinen hängenden Mundwinkeln verreckt
jeder Witz. Erst recht ein sächsischer.

Der Engländer feixt, der Franzose schmunzelt, der Deutsche
zieht eine Fleppe. So lautet die klassische Mentalitäts-Hierar-
chie der Zentraleuropäer. Auf der Weltkarte des Humors gilt
Deutschland als scherzfreie Zone. Denn spätestens seit die
Deutschen mit einem zweiten Weltkrieg den anderen Völ-
kern auf den Geist und ans Leben gingen, wurde es ernst. Die
Deutschen leiden am Grübelvirus Warum, und die Heilung
braucht ihre Zeit. Seit Tucholsky fragte, was Satire darf, philo-
sophieren komische Theoretiker über alles! Eine Konsens-
gesellschaft sollte moralisch korrekt sein. Und: Die Freiheit,
alles sagen zu können, hebt die Provokation auf. Wirklich?

Da sagt der Sachse nicht sofort Ja, er gefällt sich als Verbal-
Provokateur, er überschreitet gern mit Vorsicht die Grenz-
werte, was andere grenzwertig finden. Na und: Lachen befreit. Vor allem von den eigenen Zweifeln. Der Scherz ist
Schmerzabwehr. Der Sachse ist voller Ideale und sein Humor
entsteht aus der Steighöhe zwischen Wirklichkeit und Ideal. Und weil der Sachse noch Ideale hat, die die Wirklichkeit

permanent infrage stellen, fallen ihm Witze ein. Lächerlich schön. Der sächsische Humor spiegelt das Wesen des Sachsen wider: Er denkt um den heißen Brei herum. Aber er denkt. Aus den Abgründen seines Denkens gräbt er herrlichen Gelächter-Rohstoff aus. Manchmal surrealistisch: Fragt der eine Sachse einen anderen Sachsen: »Sachn Se ma, ham mir uns ni schon ma in Taschkent gesehn?« Der andere: »Nein, isch war noch niemals in Taschkent.« Der Erste: »Isch ooch ni, da müssn das zwee andre gewesn sein.«

Der Sachse lacht gern, vor allem über sich selbst. Jeder lacht sich selbst am nächsten. In einem Zugabteil stürzen die Koffer eines Fremden auf den Schoß eines Sachsen. Der Fremde entschuldigt sich und räumt die Koffer wieder ins Gepäcknetz. Erneut fallen die Koffer runter und treffen den Sachsen. Das wiederholt sich dreimal. Der Fremde will sich wieder entschuldigen, da sagt der Sachse: »Se brauchn sich ni zu entschuldschn, jetzt habsch mich dran gewöhnt.«

Die Schizophrenie zwischen dem Lachen und dem Weinen, der Wechsel zwischen Ironie, Sarkasmus, Skurrilität und Zynismus macht den sächsischen Humor so spannend. Humorus war ursprünglich die Bezeichnung für die jedem Lebewesen eigenen vier elementaren Körpersäfte, die die Temperamente cholerisch, phlegmatisch, sanguinisch, melancholisch ergeben. All das bietet sächsische Lustigkeit. Der Spaß wächst aus dem Charakter, der Landschaft und der Sprache. Sächsischer Witz entsteht aus Wortwitz. Da kommen die anderen Deutschen oft nicht mit, weil seine Ironie eine feine, zwischentönige Angelegenheit ist. Fragt der Sachse: »Was ist das Gegenteil von einigen Dicken? Baar Derre!« Für Nichtsachsen: Parterre ist das Erdgeschoss, ein Baar Derre sind einige Dünne.

Im Wortwitz des Sachsen findet sich die Doppelbödigkeit. Ein Sachse fährt mit dem Bus nach Frankreich und freut sich schon auf die schönen Pariserinnen. Der deutsche Bus kommt am Eiffelturm an, die Frauen mit den roten Handtäschchen schauen herüber, sehen den Bus aus Deutschland. Der Sachse steigt aus, geht zu einer der Frauen am Straßenrand. Die Frau fragt: »Ah, Aleman?« Der Sachse: »Nee, nee – nur ich alleene.«

Der städtische Mitarbeiter im Standesamt fragt: »Wie wollen Sie denn später mal Ihr Kind nennen?« Der Sachse: »Nu, wir dachten an Dankwart.« Der Standesbeamte: »Ich will nicht wissen, was Ihr Sohn mal werden soll, sondern ich möchte seinen Namen wissen.« Eines Tages kommt eine Sächsin aus London zurück nach Hause und sagt zu ihrer Freundin: »Weest du, mir ham in Dresden ooch so ne Dauerbridsch.« – »Wo dänn?« – »Na, da obn am Waldschlößschen, mit dem Brückenbau, das dauert.«

Die besten Klassiker des sächsischen Humors heißen Lene Voigt, Joachim Ringelnatz, Hans Reimann. Der 1889 in Leipzig geborene Reimann vergriff sich während der Nazizeit bei der Beschreibung des jüdischen Humors leider gewaltig. Deshalb gilt bis heute der Vergleich von jüdischem und sächsischem Humor als politisch inkorrekt. Nicht alles was hinkt, ist bekanntlich ein Vergleich. Aber Reimann hat mit einem Satz die tiefe Philosophie des sächsischen Witzes gut beschrieben: »Wenn mor ä Baar Latschn had, un eener is weg, und morr had bloß noch den andern, dann nutzn een alle beede nischd.«

Der Schriftsteller ist mit seiner Haltung nicht unschuldig am Bild des Sachsen, denn er war nicht nur der personifizierte Opportunist, sondern sammelte die Geschichten über den Geenisch, den letzten. Friedrich August III. Die Geschichten über ihn erzählen sich die Sachsen gern, weil der Monarch einer von ihnen ist. Mit allem Drum und Dran. Der König in der Oper. Am Ende des Stückes fragt er die Sopranistin: »Und, wie finden Sie dä Agustik hier?« Die Sängerin: »Sehr gut, Eure Majestät, sehr gut.« König: »Und warum ham Se dann so rumgebläkt?« Der König sitzt im Schauspielhaus, es gibt »Hamlet«. Ein Darsteller nach dem anderen stirbt. Dann ist Schluss. Der König sitzt noch immer da, er will einfach nicht gehen. Da tritt der Adjutant zu ihm und sagt: »Das Stück ist zu Ende, Majestät.« König: »Das weeß ich ooch, ich warte droff, dass se dä Soffleuse ooch noch abmurgsn.« Friedrich August weiht eine Brücke ein, alle jubeln. Dann fragt Majestät den Baumeister: »Wozu ham Se diese schrägen Holzgestelle for dä Brückenfeilr gesetzt?« Der Baumeister: »Damit die Pfeiler im Fluss bei Eisgang geschützt sind.« König: »So, so. Und wenn nu das Eis von dor andern Seite kommt …?« Als die Sachsen ihn zur Revolution 1918 verjagten, soll er gesagt haben: »Macht eurn Dreck alleene!« Er hat es wohl nie gesagt, aber es sah dem sächsischen König ähnlich. Als die Soldaten seine Abdankung erzwangen, fragte er: »Därfn diedn das?« Die Sachsen bereuten schnell den Verlust und holten ihren König ein paar Jahre später zurück, um ihn zu feiern. Und er soll gesagt haben: »Ihr seid mir scheene Rebublikaner.« Jedenfalls ist es so kabarettreif überliefert.

Die Klassiker des sächsischen Kabaretts machten und machen sich professionell zum August, sie heißen: Eberhard Cohrs, Jürgen Hart, O. F. Weidling, Manfred Uhlig, Hans Glauche und Fritz Ehlert, die als »Gustav und Erich« in der Herkuleskeule Lachsalven auslösten. Es folgten Bernd-Lutz Lange, Gunter Böhnke, Wolfgang Schaller, Manfred Breschke, Olaf Böhme und Wolfgang Stumph. Sie alle waren und sind unterschiedlich, sie alle aber setzten und setzen auf das Missverständnis des Dialekts. Vier Klassiker: »Was haben Bäcker und Pfarrer gemeinsam? Die Bredschn.« Hochdeutsch: Brötchen und Predigten. Der Sachse ist der Einzige, der Raubkatzen in die Hosentaschen stecken kann. Das

sind die Daschndiechor. Übersetzung für Auswärdsche: Ta-
schentücher und Taschentiger. Er hat auch die schnellsten
Raubkatzen, die er in die Tasche stecken kann: Die Dembo-
daschndiechor. Übersetzung: Tempotaschentücher und tem-
poreiche Taschentiger.

Keiner sonst findet oder erfindet solche Worte. Das ist
Aufklärung. Doch der Sachse will nicht die anderen aufklä-
ren, sondern sich selbst erklären. Auch wenn sein Humor
selbstkritischer ist als beispielsweise der bayerische, so ähnelt
er ihm dennoch in seiner doppelbödigen Wortakrobatik. Seine mehrschichtige Sprache gab und gibt ihm die Fähigkeit,
selbst heilige Kühe auf dünnes Eis zu führen. Die brachen ein,
nicht der Sachse.

Da ist er nah beim Bayern. Beide können sich in ihrem Humor gut verstecken. Denn hinter der Weißwurstgrenze wird
der Witz nicht wie in Sachsen gebabelt oder genuschelt, sondern da wird fleißig gegrantelt. Der Bayer ist eine Mischung
aus Österreicher und Mensch, sagte einst Reichskanzler Otto
von Bismarck. Stimmt und stimmt nicht, denn in Bayern
wanderten nach 1989 massenhaft Sachsen ein und früher
Sudetendeutsche und Schlesier. Damit hat auch der Humor
zu tun. Der Bayer ist trauriger als der Sachse, deshalb geht
er über den sächsischen Fatalismus hinaus und pflegt einen
herzlichen Umgang mit dem Apokalyptischen. Ein Raufbold,
grob und deftig.

Gerhard Polt, das Urvieh der bayerischen Heiterkeit, sagt
zu seinem Wesen: »Jo mei.« Eine weitere Stellungnahme
dazu lehnt er spontan ab. »Sein's froh, wenn's wissen, wo der
Spaß aufhört«, sagt Polt. Sächsischer Humor ist Kartoffel-
salat, bayerischer Wurschtsalat. Deftig, nie absichtsvoll, nie
gezielt. Er wird viel ernster zelebriert. Der Kabarettist Polt
selbst lacht nie auf der Bühne, er lässt lachen. Der Sachse gibt
sich ab mit dem, was ist, aber hofft innerlich auf Verände-

rung, weil hinter dem scheinbar Unabänderlichen immer noch ein Einfall lauert. Er will mehr wissen, auch wenn es nicht stimmt, Hauptsache, es hilft: Der eine Sachse fragt am Telefon: »Wie heestn du?« Der andre sagt: »Felix!« Der erste: »Wie? Forschdeh ich ni, buchstabier ma!« Der andre buchstabiert: »F wie Faterland, E wie Elsardiene, L wie lektrisch Licht, I wie Ieborzieher und X wie Gsangsforein.« Der erste: »Ach Felix heest du, warum sachsdn das ni glei.«

Der Bayer dagegen findet sich ab mit sich und dem, was ist. Der Kabarettist Gerhard Polt sagt: »Das bayerische Humorwesen schwankt zwischen Spießertum und Anarchie, es hat eine Tendenz zur Breitschädlichkeit und Leibesfülle. Die Humorhaltung beruht auf der Tradition des Agrarstaates und der Meinung, man muss sich mit dem Unabänderlichen abfinden. Man kann Humor nicht darstellen, entweder man hat ihn oder man hat ihn nicht.« Kennzeichnend für den Bayern ist die detailgenaue, authentische Darstellung scheinbar braver Spießbürgertypen, hinter deren harmlosem Gerede sich Abgründe krimineller Energie oder grenzenloser Dummheit auftun.

Die Münchnerin sagt, wenn ihr Mann in der Früh besoffen nach Hause kommt: »Wenn er von der Redout'an solchen Rausch hoambringt, da sag i nix; denn dös is a Garantie, dass er mir net untreu word'n is.« Beim Sachsen geht es anders: Kommt ein Mann abends besoffen nach Hause, lärmt sich durch den Korridor, geht ins Schlafzimmer und stellt vor das Ehebett einen Stuhl, dann haut er sich ins Bett. Die Frau richtet sich auf und schreit ihren Mann an: »Sach äma, spinnst du dänne, kommst besoffen heem, machst Lärm und stellst ä Stuhl vors Bette. Was soll das denn?« Der Mann: »Wenn das Deador jetze glei los geht, will ich wenischdns in dorr ersten Reihe sitzen.« Oder: Ein sächsischer Mann kommt abends betrunken nach Hause, öffnet die Tür, geht in die Stube und

schmeißt das Aquarium mit dem Goldfisch um. Der Goldfisch liegt auf dem Boden, windet sich, schnappt verzweifelt
nach Luft. Der Mann: »Wirst du wo offhörn, nachn Herrschn
zu schnabbn.«

Der Münchener Straßenbahnfahrer tut, was der sächsische
nie tun würde, er schreit den Taxifahrer vor sich an: »Kannst
net aus die Gleis fahrn?« Antwort: »I scho, aber du net.« Dieser Humor ist Selbstbehauptung, handelnder Witz einerseits.
Egal, ob man Mittermeier, Polt oder Karl Valentin hört, der
Zuhörer erfährt von ihnen immer eine gewisse Verdrossen-
heit, eine Melancholie, hört das Missverständnis der Gedanken. Darauf beruht die Widersprüchlichkeit, die Komik er-
zeugt. Dazu muss man jedoch wissen, dass Karl Valentin
ein halber Sachse war. Seine Mutter, Maria Johanna Schatte,
stammte aus Zittau, wo sie 1845 geboren wurde. Nicht um-
sonst sprach der bayerische Komiker gern vom echten Mut-
terwitz. Polt sagt: »Schon Karl Valentin spielte keinen Witz,
er war der Witz. Ich bin froh, dass man einen Menschen –
und das ist im Grunde das Schönste, was man einem Menschen sagen kann – dass er eben im Grunde nicht definierbar
ist, dass etwas Geheimnisvolles bleibt an jedem Individuum,
warum die Tante Anni so ist und der Onkel Sepp so ist … Genau das ist seine Freiheit: dass es für einen Menschen nicht
einen gibt, der ihn betrachtet, sondern mehrere. Jo, mei, das
ist wahrscheinlich eine fatalistische Aussage, also eine typisch
katholische. Vielleicht auch ein bajuwarisches Grundgefühl.«

Der bayerische Humor hat Tiefe und kriegt ab und zu
Höhe, wie das Alpenland. Und noch eines ist ganz entschei-
dend: Der Bayer spricht scheinbar schnell, aber entwickelt
den Gedanken ganz langsam. Noch ehe er Wurscht aussprechen kann, überlegt hingegen der Sachse, wie er wohl die Pel-
le noch verwerten kann. Der Berliner jedoch hat sie schon
gefressen. Deshalb konnte und kann der Sachse den Berliner

nicht leiden, denn der leidet an innerlicher Humorlosigkeit. Seine Seele ist resistent gegen den Witz. Der Sachse machte sich über seinen ersten Sachsen im Land DDR lustig. Ulbricht hatte nie eine Absicht, sondern wollte überholen ohne einzuholen. Der Lehrer weist ein Kind in der Schule an, es solle mit »Freundschaft« grüßen. Der Vater des Kindes aber sagt, es solle mit »Guten Tag« grüßen. Das Kind schreibt, um Klarheit zu bekommen, an Walter Ulbricht und dieser antwortet: »Solange ich in der DDR etwas zu sagen habe, wird es keinen Guten Tag geben.« Dämlichkeit und doppelte Bedeutung. Ulbricht soll zum olympischen Tag beim Turn- und Sportfest eine Rede halten. Er bekommt das Manuskript und sagt zum Publikum: »O, O, O, O, O!« Schnell eilt sein Helfer herbei und sagt: »Genosse Ulbricht, das sind die olympischen Ringe.«

Im deutschen Weißbierzentrum an der Spree liegt das Reich des Flachlandhumors. Der Sachse denkt erst und redet dann. Der Berliner macht es genau anders herum. Ihm geht es um Angriff, nicht vordergründig um die eigene Person, zu der er nur auf Umwegen gelangt. Ein Berliner setzt sich im Bahnhof neben den Sachsen und stellt ihm seinen Koffer auf die Füße. Der sagt nichts. Er spürt nur, wie die Wut in ihm aufsteigt. Der Berliner zündet sich eine Zigarette an und bläst dem Sachsen den Rauch direkt ins Gesicht. Der sagt nichts, aber seine innere Stimmung nähert sich dem Kochen. Der Berliner streift die Asche auf dem Mantel des Sachsen ab. Der schweigt. Da verbrennt der Berliner dem Sachsen mit der Glut den Handrücken. Jetzt schimpft der Sachse los: »Sie!«, ruft er, »Sie! Wenn Sie jetzte Ihre Zigaredde ooch noch auf meiner Hand ausdriggn wolln, dann …, dann …, dann setz ich mich weg.«

Der Berliner sagt zum Sachsen: »Du hast's jut, du bist doof.« Klingt dämlich, aber es sagt, dass dem anderen all die

Probleme des Lebens erspart bleiben. Dem Sachsen dagegen bleibt nichts erspart. Sächsischer Humor genügt sich selbst, weil der Sachse genügsam ist, ohne sich zu genügen. »Misch kann keener für dumm forgoofen«, sagt er. Und trotzdem kann ein Engländer in der Straßenbahn seine Beine auf den Schoß des Sachsen legen, ohne dass der was tut. Im Gegenteil, er erzählt es seinem Bekannten. Der fragt: »Warum haste denn nischt gesacht?« Das Opfer: »Nu, ich gonnde doch gee Englisch.« Oder: Ein Schiff geht unter. Ein älteres Ehepaar klemmt in der Kajüte, das Wasser steigt und steigt. Er zu ihr: »Du, Renade, echendlich wolldsch mich ja forbrenn lassn.«

Es ist tiefer Humor, denn dort schaut sich ein Wesen selber an. Es ist überstürzende Zuvorkommenheit. Selbst wenn der Sachse Kritik übt, will er versöhnlich sein. Er zieht die Macht herunter auf das Niveau des gewöhnlichen Menschen. »Goethe? Der hats doch ooch nur aus Biechern.« Sein Humor ist subversiv. Die Folgen sind langfristig. Der Sachse verwirrt gern und freut sich diebisch, wenn es gelingt. Dann ist es auch wieder gut. Ihm genügt oft der Spaß an sich. Im Jahr 1990 steht ein Mann an der Elbe, füllt sein Glas mit dem Flusswasser. Kommt ein Sachse und ruft: »Mach das ni, die Brühe is ungenießbar und am Ende machsde von der Plärre noch dä Hufe hoch!« Sagt der Fremde: »Entschuldigen Sie, ich habe Sie nicht verstanden, ich bin nicht von hier, ich bin Immobilienmakler aus Hannover.« Der Sachse sagt höflich, aber bestimmt: »Na dann trinken Se schön langsam, das Wasser is kalt.«

Der Berliner dagegen verletzt offensichtlich: »Ick hau dir aus'm Anzug! Ein Schlag, und du stehst im Hemde da. Der zweite Schlag is Leichenschändung.« Das verrät mindestens Selbstsicherheit, das Ich behauptet sich mittelbar, indem es blitzschnell angreiferisch ein groteskes Bild des Gegenübers malt. Ein Witzbold, provozierend und schlagfertig. Cindy aus

Marzahn ist zum Beispiel Berliner Humor und der komplette Gegenentwurf des Sachsen Olaf Schubert alias Michael Haubold. Schwergewicht gegen Leichtgewicht.

Cindy ist dicke da und spielt auf einer Ebene. Sie ist sie, auch wenn sie eine Figur darstellt. Olaf Schubert spielt seine Figur als zweites Ich. Als Mensch soll ihn keiner kennen. Als Schubert windet er sich rührselig in Wortakrobatik, verknäult sich im Dialekt. Witzfigur. So ist der Sachse: fleißig, rührig, wendig. Schuberts Pullunder macht ihn lächerlich und scheinbar ungefährlich.

Mario Barth ist Berliner Humor, den der Sachse nur mit Mühe erträgt. Denn Barth erzählt nie von sich, sondern nur von anderen – seiner Freundin, seinem Laptop, seinem Auto. Und lacht am meisten über seine eigenen Witze. Er füllt Stadien, weil er als Mann auf dem niedrigsten Stand der Evolution verharrt, um sich geradeaus durch den Alltag zu simpeln. Er ruft »Pass uff!« und »Is wahr!« und steigert sein »Pass uff!«, bis nichts mehr kommt. Das ist absolut voraussetzungslos und massenkompatibel. Die Amplitude seines Humors reicht vom Küchentisch bis zur Wohnungstür.

Cindys und Barths Humor passt wie Kurt Krömer aus Wedding ins TV-Schema. Das Fernsehen hat die Spaßindustrie entdeckt und nimmt, was es kriegen kann. Längst existieren in Deutschland mehrere Fernsehstationen, die industriellen Humor am laufenden Lachband produzieren, gestanzt aus Phrasen zwischenmenschlicher Missverständnisse. Die Schablonen kommen aus der amerikanischen Stand-up-Tradition, die Lacher viel zu oft aus dem Lautsprecher. Das Fernsehen übertreibt und zieht aus dem telegenen Gute-Laune-Kraftwerk Geld statt Erkenntnis. Auf dem Hirnkonto bleiben Schulden. Da passt der Berliner und macht sich über alle lustig, erst recht den Sachsen, der sich nicht so leicht ins TV-Format einpassen will. Aber auch der Rheinländer, der vom

Rhein nach Berlin rein zog, kriegt vom Spreeathener sein Fett weg.

Während der Sachse sich selbst nach bester Mundart durchbeißt, beißt der Rheinländer mit ordinärem Mundwerk andere. Er versteht den Berliner und auch den Bayern, er vermittelt zwischen beiden. Doch der Sachse bleibt ihm absolut fremd. Kölner Humor ist eine Mischung aus Selbstbehauptung und Kritik der anderen. Einer eröffnet ein Restaurant und schreibt, reichlich faul, auf die Speisekarte: Fleisch von allen Tieren. Der erste Gast kommt, liest und bestellt: »Eine Scheibe Elefantenrüssel.« Der Wirt: »Eine Scheibe? Dafür schneide ich den Elefant nit an.« Ein Kobold, ordinär und beißend. In Sachsen geht der Wirt-Witz anders: Der sächsische Gast fragt den Wirt, der frisches Fleisch anbietet: »Is das eechentlich Kalbsbraten oder Schweinebraten?« Der Wirt: »Gönn Se das ni unterscheiden?« Der Gast: »Nee.« Der Wirt: »Nu, dann ganns uns ja egal sein.« Oder: In einem Café sagt ein Sachse: »Herr Ober, bidde ä Gaffee ohne Sahne!« Der Ober: »Duhd mir leed, Sahne is alle, ganns ooch ä Gaffee ohne Milch sein?«

Der Scherz vom Rhein ist eine Sache für sich und für den Sachsen eher befremdlich. Köln ist die zum Lachen bereiteste Großstadt, in der man sich mit Witz gehen lassen kann und keine andere Sorge kennt, als das letzte bisschen Geld noch kleinzukriegen. Der Kölner hat Probleme und meistert sie. Sofort. Er bejaht das Leben, genießt in vollen Zügen und hat deshalb eine Jahreszeit mehr als alle anderen Deutschen. Der Karneval lässt grüßen. Köln bietet besten Humorhumus. Hier herrscht die größte Comediandichte Deutschlands.

Der Kölner nutzt nicht Aktualität, sondern eine Art traditionelle Gestalten-Dialektik. Einst waren es Kölner Originale wie Tünnes und Scheel und ihre Paladine Bäätes, Neeres oder Pitter und Tünnes. Tünnes und Scheel sind keine Kavaliere. Tünnes kommt mit einem Damenfahrrad daher: »Tünnes, wo häste dann dat Fahrrad her?« – »Da han ich mit dem Plünn en Radtour jemacht, un nach dem Kaffeetrinke hät se sich anjeschmiecht un jesacht: Tünnes, jetz kannste dir nehme, wat du willst …«

Heute heißen die Gestalten Gaby Köster, Dirk Bach oder Tom Gerhard. Der Kölner Humor sitzt an der Kasse, dampfplaudert im Dschungelcamp oder macht Karriere mit einem Hund. Ein Raureif literarischer Ferne liegt über dieser Komik. »Uns Madam ess doch esuu jeizig, dat se beidse Döögter zesammen op eim Klavier spille läss.« Der Spaß entsteht vor allem aus dem Dialekt, ist sehr lokal gebunden und nicht aus der Aktualität geboren. Aber voller Weisheit und duldsam gegenüber den menschlichen Schwächen. Auf die Nachfrage des Nachbarn, wie es dem Großvater gehe, sagt der andere Nachbar: »Dä Jroßvatter ess dat Zeitlische am Segnen.« Der Rheinländer pflegt eine seelische Hitze, die an ein türkisches Bad denken lässt und im Hamburger Norden erfrieren würde.

Der Sachse ist gern an der Nord- oder Ostsee, aber ungern am Humornordpol. Denn da oben am Wasser geht es beim Humor eiskalt und trocken zu. Hanseatische Selbstbewusstheit und ichbetonte Straffheit sind so alt wie Fischkutter und Hafennutten. Die Lage am breiten Strom mit dem mächtigen Hinterland hat zähen Kaufmannssinn stolz erhalten. Sturmgeprüft erhielt man sich den harten Blick für die Realitäten des Lebens. Der Scherz webt sich aus Tragödien. Ein bloßer Bold, kühl und bitter.

Der Hamburger erfand einst Klein-Erna, um seinen schwarzen Humor auszudrücken. Die Mutter beauftragt sie, während ihrer Abwesenheit ihren Bruder Heini immer an der Hand zu halten. Nach einer Stunde kommt Mutting zurück, sieht Klein-Erna bis zum Hals im Wasser stehen. »Und wo hast du Heini?«, fragt Mutting. »Anne Hand«, sagt Klein-Erna. Grausame Nüchternheit. Aber das ist der Witz. Das ist Hamburger Realismus in all seiner Härte, der nicht gefällig ist, aber Gefallen sucht. Der Hamburger Witz spielt in Geschichten wie diesen: Frau Mönkemeyer kündigte ihr Theaterabo. Da fragt die Nachbarin: »Warum?« Frau Mönkemeyer: »Seit 40 Jahren sitze ich bei jeder Premiere auf ein und demselben Stuhl. Und seit 39 Jahren sitzt vor mir dieses grüne Kleid. Ich halt das nicht mehr aus!!!«

Otto Waalkes kommt aus dem Norden, nennt sich »chronisch gefallsüchtig«. Er mischte Hamburg mit seiner Brachialkomik auf, erfand den Ottifanten, der niedlich scheint, aber all das Schwarze im Humor stilisiert. »Otto versaut Hamburg« lautete ein Plattentitel, doch seine Breitenwirkung war viel größer. Er verletzt nie die Schwächeren, sondern setzt sich für sie ein. Er ließ und lässt Susi Sorglos voller Sorge mit ihrem flunkernden Föhn spielen und vom Oberkellner Patzig und vom identitätsgestörten Robin Hood, Beschützer von Witzen und Weizen, scherzhaft Schmerzbotschaften auf dem Pausenhof verbreiten. Otto veralbert Autoritäten, ohne autoritär zu sein, sondern springt von hinten um die Ecke, zappelt, bis der Lacher kommt. Ein frischer friesischer Wind, ein ganzer Gegensatz zu Gerhart Polt, dem Otto-Antipoden. »Ein' hab ich noch« soll ein Otto-Satz sein, aber den hat er genommen und parodiert wie viele Sprüche seines Vorbildes Heinz Ehrhardt, ein Nordlicht, in Riga geboren, in Hamburg gestorben. Der Wortverdreher verstand den trockenen Witz, wendete sich in seiner Rede, ärgerte sich schwarz im Humor, um aus der Depression gerettet zu werden. Der Spaß als Rettungsring. Ganz anders als der Sachse.

Der ist kein Raufbold wie der Bayer, kein Witzbold wie der Berliner, kein Kobold wie der Rheinländer, kein bloßer Bold wie der Hamburger, sondern ein Haubold seiner selbst.

Es gibt, so schrieb der Dramaturg und Autor Peter Staatsman, »offenbar sächsische Unbewusstseinstraditionen, die alles enthalten, was zur Herstellung dieser komischen und unheimlichen Kunst nötig ist«.

Der Sachse nutzt Figuren, er versteckt sich, um offen zu sein. Wie die Figuren Günther Zieschong und Ilse Bähnert, die die Zeit des Umbruchs nach 1990 mit Alltagswitz und Ewigkeitsphilosophie erklären. So viel Humor in einem Land ist selten. Dieser Witz beweist scharfen Geist im Augenblick. Dieser Humor schafft Tiefe und ein Verhältnis zur Ewigkeit. Er bindet. Der Sachse besitzt humorvollen Witz und witzigen Humor. Das sagt nicht irgendeiner, sondern ein Leipziger Anglist, seines Zeichens Professor. Herbert Schöffler bescheinigte schon vor 70 Jahren dem Sachsen die Kunst des passiven Witzes. Er vergaß auch nicht die überraschende Beschleunigung am Ende zur Pointe, zur Erkenntnis hin. Der sächsische Witz spiegelt das sächsische Wesen, so wie der Deutsche es im Allgemeinen sieht, wenn er ihn sieht: herzensgut, aber dämlich, umgänglich und zugänglich, aber wie ä bissl gnadschisch.[5] Er veralbert sich vorzugsweise selbstkritisch selbst.

Da ist der sächsische Witz dem jüdischen nahe. Der alte jüdische Geschäftsmann liegt im Sterben. Um sein Bett versammelt sich die Familie. Der Sterbende fragt: »Bist du hier, Frau?« – »Ja.« – »Bist du hier, mein Sohn?« – »Ja.« – »Bist du bei mir, meine Tochter?« – »Ja.« Da setzt sich der Sterbende auf und sagt: »Und wer bitte ist im Laden!?« Ein Sachse liegt nach einem Unfall im Krankenbett. Der Arzt steht neben ihm. Die Ehefrau fragt den Arzt: »Is er dod?« Der Arzt: »Ja.« Da richtet sich der Mann plötzlich vom Krankenbett auf und ruft: »Nein, ich lebe.« Die Ehefrau dreht sich zu ihrem Mann um, sagt: »Bisde still, dorr Doktor wird's wo besser wissen!« Der jüdische wie der sächsische Witz zeigt die schwachen

Punkte, die bei ihm jedoch keine Stärken, sondern echte Schwächen sind. Mit denen spielen beide.[6] Ein Fremder fragt einen Sachsen: »Kennen Sie das Grab des Unbekannten Soldaten?« Der Sachse: »Nu dlar, komm Se ma mit.« Sie gehen zu einem Denkmal. Da sagt der Fremde: »Aber das ist doch das Denkmal von Felix Mendelssohn Bartholdy.« Darauf der Sachse: »Nu sicher, aber als Soldat ist der völlig unbekannt.«

Völlig klar: Der Sachse kann nicht Nein sagen, will höflich bleiben und zieht diese Schwäche ins Lächerliche. Er kann sich selbst forgaggeiern. Nur wenn andere ihn durch den Kakao ziehen, da wird er ietzsch, also zornig. Forhohnebiebln lässt er sich nicht, das macht er schon alleene. Er braucht das. Denn sein Witz ist sein Überlebensmittel. Schlitzohrig, doppelbödig, defensiv und fatalistisch. Es geht um ironische Selbstschau. Schon immer. Der Sachse hat Witz und ist ein Witz. Vor allem, weil er sächselt.

Der sprachlose Sachse

Der Deutsche macht den Sachsen sprachlos. Weil der säch-selt. Deshalb wird ihm eingeredet, dass er nicht reden kann, dass er sprachunfähig sei. Besser wäre wohl, er würde schwei-gen. Für immer. Aber er lässt darüber nicht mit sich reden. Und erst recht lässt er sich nicht das Maul verbieten. Er ist redselig, denn er hat was zu sagen. Doch ihm wird gern ein Maulkorb verpasst und seine Sprache noch lieber als unaus-sprechlich und blöd stigmatisiert. Seit über 250 Jahren ist das so. Bis heute.

Nehmen wir noch einmal den Berliner Kurt Tucholsky, der 1932 sagte: »Man kann sich einen Franzosen vorstellen, der englisch spricht. Man kann sich auch einen Amerika-ner vorstellen, der englisch spricht. Man kann sich zur Not auch einen Engländer vorstellen, der französisch spricht. Ja, man kann sich sogar einen Eskimo vorstellen, der italienische Arien singt. Aber einen Neger, der sächselt, das kann man sich nicht vorstellen.« Preußen haben kein Vorstellungsver-mögen. Das ist alles längst Realität. Zu DDR-Zeiten studier-ten vor allem an der Karl-Marx-Universität in Leipzig Afri-kaner, oder sie wurden in sächsischen Betrieben ausgebildet, und heute sind Studenten aus der ganzen Welt in Sachsen, egal ob Chinesen, Ecuadorianer, Inder oder Sudanesen. Sie lernen Sächsisch. Und sie hören die Vorurteile gegen die

Sprache, die nicht nur sie, sondern vor allem die Sachsen sprachlos machen. Doch jedes Vorurteil hat Folgen.

Vorurteil 1: Sächsisch ist Niederlage. Wer sächsisch spricht, gehört zu den Verlierern. So heißt es. Der Abstieg des Sächsischen fing Mitte des 18. Jahrhunderts an, spätestens im Siebenjährigen Krieg und dem Streit mit Preußen. Davor war Sächsisch absolut in. Solange Sachsen Größe bewies, wirtschaftlich erfolgreich wirkte, vorbildliche Institutionen wie Kanzleien besaß, hervorragende Schriften und Autoren wie Martin Luther hervorbrachte sowie politisch einflussreich schien, war Sachsen in Deutschland angesagt wie heute München, Hamburg oder Berlin. Zu Luthers Zeiten hieß Deutschland übrigens noch Teutschland, mit hartem T. Und es würde heute noch Teutschland heeßen, wenn es die Saggsn ni weech geklobbt häddn.

Die sächsische Sprache, insbesondere das Meißner Kanzleihochdeutsch, prägte Stil, Orthografie und Grammatik des Deutschen. Sächsisch war Hochdeutsch, es besaß und brachte vom 16. bis ins 18. Jahrhundert hinein Prestige, war Leitsprache für alle.[7] Aus Sachsen kam die deutsche Leitkultur. Sächsisch ist ursprünglich Leitdeutsch, auch wenn die anderen darunter leiden. Ja, da staunt der Deutsche. Jeder, der etwas auf sich hielt, ging ins Kurfürstentum Sachsen. Die Residenz Dresden präsentierte sich politisch und kulturell als Vorzeigeterritorium, Leipzig als Messestadt lobten die Deutschen als überragendes wirtschaftliches Zentrum und fanden es von Thomasius und Leibniz bis Gottsched anziehend und schick, in diesem Zentrum der Aufklärung zu studieren. Der Schriftsteller Johann Christoph Gottsched sagte: »Ganz Deutschland ist schon längst darüber eins geworden, dass das Sächsische die beste hochdeutsche Mundart sei.« Der junge Goethe ging an die Pleiße, um die »feine Lebensart« zu erlernen und das »wohlklingende zierlich Hochdeutsch«. Jeder

Sachse kennt den Satz aus Goethes »Faust«: »Mein Leipzig lob ich mir! Es ist ein Klein-Paris und bildet seine Leute.« Ja, so war das.

Je mächtiger allerdings Preußen wuchs, sich das wirtschaftliche und kulturelle Zentrum von Dresden nach Berlin verlagerte, desto moderner wurde es, preußisch zu parlieren. Je kleiner Sachsen wurde, desto altmodischer wurde es, wie ein Sachse zu reden.[8] Der Sachse war geschlagen, wenn auch nicht ganz, aber der Preuße degradierte Sächsisch zur Verlierersprache. Willy Hellpach schreibt in seinem Buch »Der Deutsche Charakter«: »Je mehr sich der preußische Leutnant über ganz Deutschland verbreitete, desto beliebter wurde der preußische Schnarrton.«

Ende des 18. Jahrhunderts verteidigte Johann Christoph Adelung in seinem wohl bedeutendsten Werk »Grammatisch-kritisches Wörterbuch der Hochdeutschen Mundart« das Sächsische, das für ihn im engeren Sinne die Meißner Kanzleisprache war, als bevorzugte Mundart. Er erntete, egal ob von Klopstock, Wieland, Campe oder Voß, nur noch Spott. Bis heute geht der Sachse sehr defensiv mit seinem Dialekt um, denn auch in der DDR war er der Verlierer. Und so seine Sprache. Er ist sich des schlechten Rufs seiner Sprache nur allzu bewusst.

Doch die Folge ist klar: Ja, der Sachse kennt den Umkehrschluss. So wie Sachsen wirtschaftlich wächst, an politischem Einfluss gewinnt, sich aber vor allem wissenschaftlich und kulturell zum Besten seiner Klasse entwickelt, bekommt Sächsisch einen anderen Stellenwert. Das Stigma löst sich auf. Außerdem läuft Sächsisch nicht im Gleichschritt. Die Sprache ist wie die Heimat mit ihrer lieblichen Landschaft, den Bergen und Tälern, den Wiesen und Wäldern, den Seen und Bächen. Da muss der Mensch hinguggn, staunen und fühlen. Hier liegt der Ursprung der deutschen Sprache. Sächsisch ist kein forhunztes Hochdeutsch, sondern Hochdeutsch ist forhunztes Sächsisch. So wärd ä Ladsch draus.

Vorurteil 2: Sächsisch ist Kabarett. Auch im 19. Jahrhundert erlebte Sächsisch keine Renaissance. Den Imageverfall beschleunigten die Sachsen zum einen selbst durch die Verleugnung ihres Dialekts. Der Makel sollte abgewischt werden. Die Verneinung des Sächsischen begann damit, dass jeder echte Sachse meinte, sächseln täte nur der andere. Das hat sich nicht geändert. Vornehme Leute, aber vor allem jene, die sich dafür halten, und die, die es gern sein wollen, sprechen ihr Hochdeutsch, in Leipzig Gewandhaus-Sächsisch, in Elbflorenz das feine Dresdner Residenz-Sächsisch. Nach 1990 verschwiegen viele Sachsen ihre Muttersprache, weil sie nicht als ostdeutsch identifiziert werden wollten. Deshalb rügten sie ihre Kinder mit dem legendären Satz: »Mei Guder, das heißt nicht heeßt, das heeßt heißt.« Erkannt werden sie immer. Nein, mit ihrem Dialekt und mit sich selbst sind die Sachsen bis heute nicht ganz im Reinen, deshalb ziehen sie ihre Sprache mit Freude ins Lächerliche.

Der schöne Schwaben-Slogan »Wir können alles. Außer Hochdeutsch« war in den 1990er-Jahren ursprünglich auf die Menschen im Freistaat gemünzt. Aber die Manager der Sachsen-Kampagne griffen nicht zu. Ihr eigener Dialekt erschien ihnen nur als Lachnummer, nicht als Auszeichnung. Ministerpräsident Kurt Biedenkopf lehnte den Spruch ebenfalls ab, denn das erste Mal, als er bei einer Lehrerdemo ausgepfiffen und mit Tomaten beworfen wurde, sagte er vorher seinen Landesangestellten, in der Hoffnung, sie zu beruhigen: »Sachsen können doch alles, nur nicht Hochdeutsch.« Das ging daneben. Die Abwertung der Sprache ging einher mit der Abwertung des Selbstbewusstseins und umgekehrt. Denn schon Ende des 19. und im 20. Jahrhundert verstärkte der Sachse seine Sprach-Erosion durch selbstironische und satirische Schriften sogar noch selbst. Der Leipziger Edwin Bormann, das »rebubliganische Bliemchen«, erheiterte sich über seine Heimat. Hans Reimann verfasste Parodien in Mundart, Lene Voigt ebenso. Sächsisch wurde scheinbar zur unernsten Sprache. Sächsisch gehanswurstelt wurde bei Curt Goetz. Auf der Bühne sprach jetzt stets der tollpatschige Hanswurst Sächsisch, wie zum Hohn auf die Abschaffung des Hanswursts im deutschen Theater durch die Neuberin, eine Sächsin.[9] In der Nazizeit verbot Gauleiter Martin Mutschmann zunächst, über das Sächsische zu witzeln, er sprach ja selbst wie ein waschechter Sachse. Aber als er »unseren Fiehrer« preisen wollte, da war es aus, denn es klang wie ein schlechter Lottogewinn. Sächsisch wurde zum schwächsten Punkt. Und als Ulbricht in der DDR an die Macht kam, war es wieder Sächsisch, das in der Kritik stand, weil es als Kritik am ersten Mann im Staat verstanden werden konnte. Sächsisch hatte zudem keine Chance, ernst genommen zu werden, weil Ulbricht nur als Witzfigur wahrgenommen wurde. Egal ob im Kabarett Academixer oder der Herkuleskeule, Pfeffermühle oder Kaktusblüte – das Sächsische verkroch sich auf den Brettern, die gern die Welt bedeuten oder wenigstens mal gesehen hätten. Es spielte im kontrollierten Sprach-Getto.

Doch die Folge ist klar: Im Kabarett diente und dient der Dialekt dazu, komisch zu wirken, das Naive in den Vordergrund zu stellen, der Narr darf Wahrheiten aussprechen. Dass sich, wie bei Schwejk, hinter der Maske der Einfalt pragmatische Intelligenz verbirgt, das zu bemerken, waren und sind jene, die sich über den Sachsen lustig machten und machen, nicht intelligent genug. In der satirischen Nische überlebte die Sprache wie ein Samenkorn im Eis. Sobald sich das Klima wandelt, blüht sie wieder auf.

Vorurteil 3: Sächsisch ist Jiddisch. Die Nazis verboten Sächsisch als einzigen Dialekt in Deutschland. Eine Frau bekam das besonders hart zu spüren, sie landete in der Anstalt, eingeliefert in die Leipziger Universitätsklinik im Sommer 1941. Der Professor führt die Patientin in den Hörsaal. Er verspricht seinen Medizinstudenten einen besonders schweren Fall, Nachname: Voigt, geborene Wagner. Vorname: Helene Amalia, Jahrgang: 1891. Geburtsort: Leipzig. Beruf: Verlagskontoristin. Klein, schmal, trübe Augen, manisch-depressiv. Erhöhtes Rückfallrisiko. Erstmals eingeliefert im Juli 1936 in die Nervenklinik Schleswig. Diagnose: Verfolgungswahn. Ursachen: Tod des Kindes, Trennung vom Mann, Tod des Liebhabers. Labiles Wesen. Die Patientin schweigt. In jenem Jahr 1941 betrachtet sie sich selbst als hoffnungslosen Fall. Die Medikamente setzen ihr zu. Schon 1935 bemerkte die Leipziger Schriftstellerin eine steigende innere Unruhe. Nach der Machtergreifung der Nazis konnte sie zunächst ohne Probleme arbeiten, und das, obwohl sie in den frühen 1920er-Jahren auch in KPD-Zeitungen wie der »Roten Fahne« publizierte. Noch 1935 gab der Verlag A. Bergmann ihr Buch »Leibzcher Lindenblieten« heraus. Die »Neue Leipziger Zeitung« und »Der lustige Sachse« druckten weiterhin regelmäßig ihre Beiträge. Doch Lene Voigt ahnt längst, dass das nicht so bleiben wird. Die Zeiten ändern sich spürbar. Sie reist an immer neue Orte, flüchtet wieder, bleibt nie lange, reist herum, reißt aus. Sie fühlt sich verfolgt. 1936, als Lene Voigt erstmals in die Klinik in Schleswig eingeliefert wird, verbieten die Nazis ihre gesamten Schriften. Schon Anfang des Jahres veröffentlichen Zeitungen immer weniger von ihr; sie, die vom Druck ihrer Geschichten und Gedichte lebt, bekommt kaum noch Honorar, sie sorgt sich um ihre Zukunft, sie bekommt Schmähbriefe, wird als linke Autorin, als Kulturbolschewistin verfolgt. Bevor der Psychiater sie als manisch-depressiv den Studenten vorführt, erhält die Mundartdichterin einen Befund über ihre literarische Arbeit, der sie am Boden zerstört: »Ein

Überblick über das gesamte Werk führt zu dem trostlosen Ergebnis, dass der immerhin beträchtliche Umfang in keinem Verhältnis zum Gehalt steht. Es hapert in der Form, in der Sprache, im Humor. Ja, es hapert nicht nur, sondern es ist alles einfach schlecht.« Der Radebeuler Lehrer Erich Rawolle verfasst dieses Gutachten, veröffentlicht 1936 in der Monatszeitschrift »Politische Erziehung« des Nationalsozialistischen Lehrerbundes Sachsen.

In ebenjener Schrift stellt Rawolle die Theorie auf, dass das von Lene Voigt geschriebene Sächsisch Jiddisch und damit schon anatomisch unaussprechlich sei. Sie verhöhne mit ihrer Sprache die deutschen Dichter und das Deutsche an sich. Folgendes Beispiel aus einem Voigt-Gedicht fügt er als angeblichen Beweis an: »Dr Schuster gonnte ooch sich frein. In welcher Sprache ist diese Wortstellung möglich? In keinem Zweige des großen germanischen Sprachkreises, sondern einzig und allein im Jiddischen.« Sein zweites Beispiel: »Dass grade ich wär ibergang. Auch das ist Jiddisch. Auf Deutsch würde es heißen: dass gerade ich übergangen werde.« Der Nazilehrer gibt der Dichterin Lene Voigt zu verstehen, dass sie gegen die »Gesetze der deutschen Sprache« und das »schriftsprachliche Reimwerk« verstoße und sich mit ihren »jiddischen Machwerken« strafbar mache.

Lene Voigt ist evangelisch, gehört den Freidenkern an, die die Nazis 1933 verbieten. In der Messestadt Leipzig aber leben viele Juden, viele reiche Händler, am Brühl beispielsweise verkaufen sie Pelze und Schmuck. Die Leipziger Aussprache des sächsischen Dialekts in Verbindung zu bringen mit jiddischen Begriffen ist ein perfider Trick. Zum einen disqualifiziert der angeblich proletarische Klang der sächsischen Mundart in Leipzig, der Geburtsstadt der Sozialdemokratie, jene Einwohner, die sich der Naziideologie verweigern, zum anderen verhöhnt diese Disqualifizierung die Juden.

Im Juni 1936 steht auf der Titelseite der »Neuen Leipziger Zeitung«: »Sachsen, sprecht Deutsch! Schafft unserem Lande Achtung.« Sächsisch wird diskreditiert, was bis heute nachwirkt und Lene Voigt als Irre abstempelt. Das Reichspropagandaministerium verbietet die Neuauflage ihrer Bücher. Martin Mutschmann, ab 1933 sächsischer Reichsstatthalter und ab 1935 Ministerpräsident, der selbst Dialekt redet, setzt das Verbot als Erster mit aller Konsequenz durch.

Die Folge ist klar: Lene Voigt selbst schickt als Antwort aus Bayern einen Vierzeiler an die sächsische Staatskanzlei: »In München wimmelts jetzt von Sachsen/un alle sächseln quietschvergniecht./Im Hofbreihaus bei Bier un Haxen hat Braxis Deorie besiecht.« Und weiter: »Ne Mundart lässt sich nich verbieten, weil blutsgebunden bis ins Mark, dr Volksmund selwer weeß zu hieten sei Vätererbe drei un stark. Ich mußte neie Mundartlieder Landsleiten uff e Zettel schreim, denn meine Schwestern, meine Brieder wolln fest mit mir verbunden bleim.«

Vorurteil 4: Sächsisch ist Rot. Übers Sächsische ist herrlich laut lästern, schrieb Dieter Wildt und zitierte Karl Kraus, dem es grauste bei der Vorstellung, Nietzsche habe gesächselt. Hat er. Und Richard Wagner erst, Karl May natürlich, Erich Kästner verhalten. Der Schriftsteller Rolf Schroers schrieb in den 1960er-Jahren: »Die sächsische Mundart gilt als Jargon des Teufels.« Und das Nachrichtenmagazin »Der Spiegel« druckte hinterher: »Sächsische Mundart und kommunistische Gesinnung drohen identisch zu werden.« Viele Deutsche hören Sächsisch noch immer als albernen Dialekt von Ulbricht und seinen Mauerschützen. Walter Ulbricht hat die Farbe der sächsischen Sprache übertüncht, er hat das Bild vom Sachsen übermalt. Mit gellendem Rot.[10] Das hängt dem Dialekt an.

Die Sprache der Sachsen erweckt deshalb in vielen Deutschen nach wie vor Misstrauen, weil sie mit der Sprache der

SED-Funktionäre und ihrer Grenzsoldaten gleichgestellt wird. Die Ablehnung des Sächsischen ist der Versuch, aus der früheren ideologischen Trennung jetzt eine geografische zu machen. Denn Sächsisch ist der einzige Dialekt, der dem Osten klar zugeordnet werden kann. Deshalb meinen Deutsche bis heute, Sächsisch sei eher eine Art Mundfäule als eine Mundart.

Die Folge ist klar: Sächsisch leistete und leistet Widerstand. Die Sachsen waren es, die die Revolution von 1989 einleiteten, Vogtländer, Leipziger, Dresdener zuerst. Sächsisch widerstand allen Angriffen. Noch mehr: Die Strategie zum Überleben ließ es lebendiger sein als viele andere Dialekte. Und der abgeschlossene Raum DDR verhinderte Spracheinflüsse, die andere deutsche Dialekte aus Frankreich, England oder Amerika verschleifen ließen. Sächsisch wurde zum letzten Wahrzeichen, zum Alleinstellungsmerkmal, wie heute gern und viel im Marketingslang gebrainstormt wird.

Vorurteil 5: Sächseln ist übel. Umfragen zu Dialekten enden für Sachsen stets mit einem öffentlichen Desaster. Sächsisch sei die unbeliebteste Mundart, bestätigt zum Beispiel seit 1990 das Institut für Demoskopie in Allensbach, das jedes Jahr eine Dialektstudie vorlegt und die Sachsen zum Schweigen verurteilt. Sächsisch sei besonders unbeliebt, wird verkündet, weil über die Hälfte, 54 Prozent der befragten Deutschen, es nicht hören wollen. Eiforbibsch. Bayerisch dagegen wäre der beliebteste Dialekt, weil 35 Prozent der Befragten angeben, dass sie diesen Dialekt besonders gerne hören. Auf Platz 2 rangiert norddeutsches Platt mit 29 Prozent. Dahinter folgt Berlinerisch mit einer Beliebtheit von 22 Prozent. Platz 4 belegt Schwäbisch. Es sei das beste Verhütungsmittel. Auch das wird erforscht. Bei einer wissenschaftlichen Untersuchung des Emnid-Instituts im Auftrag des »Playboy« gaben 88 Prozent der befragten Deutschen an, dass Sächsisch absolut unsexy sei. Nur 12 Prozent mögen es also. Der mit Abstand erotischste Dialekt dagegen sei Bayerisch. Da legst di nieda und siehst, wie sich beim Oktoberfest sprachbegabte Madels aus dem Dirndl schälen. Kleiner Trost für die Sachsen: Es geht noch schlimmer. Der Spruch »Lieber badisch als unsymbadisch« macht offensichtlich wenig an. Denn das Badische rangiert bei der Frage nach erotischen Dialekten mit elf Prozent weit abgeschlagen auf Platz acht, hinter Friesisch (13 Prozent) und Sächsisch. Das Schlusslicht der Umfrage bilden die Pfälzer, deren Dialekt nur acht Prozent der Herzen zufliegen. Wer jedoch Sex mit einer Sächsin oder einem Sachsen haben möchte, der lässt ihn lieber schweigen. Jedenfalls sagen das Umfragen. Und ein Schweizer namens Beat Siebenhaar, der sich 2010 in Sachsen als Sprachprofessor an der Universität Leipzig anstellen ließ, behauptete, es gäbe gar kein Sächsisch. Sein wichtigstes Argument: Es existiere nicht, weil es nicht beliebt sei. Der Professor machte sich in Sachsen nicht beliebt, offensichtlich gibt es ihn nicht mehr.

Die Folge ist klar: Die Umfragen vermischen, wie es beliebt, beliebt und unbeliebt. Denn schaut man genauer hin, so darf man feststellen, dass Sächsisch bei der Frage nach dem beliebtesten Dialekt auf Platz drei landet, gleich hinter Bayerisch und Norddeutsch. Und wird gefragt, wie hoch die Abneigung gegen Schwäbisch sei, sagen 17 Prozent der Befragten, dass sie den Dialekt überhaupt nicht mögen. Bayerisch und Berlinerisch landen bei den unbeliebten Dialekten auf Platz 2 und 3. Beliebtheit ist relativ. Im Grunde wissen sämtliche Wissenschaftler nur eines ganz genau: Sächsisch ist einmalig und neben Schwäbsich, Bayerisch, Berlinerisch und Norddeutsch einer der markantesten deutschen Dialekte. Der in erzgebirgischer Mundart predigende Pfarrer Karl Heinz Schmidt stellte 2001 fest: »Wos Bayern, Friesen und Rügener könne, dos könne mir aah.« Noch eine Umfrage? Das Emnid-

Institut sagt, dass 59 Prozent der Westdeutschen sehr stolz beziehungsweise stolz sind, in ihrem Bundesland zu leben. In den neuen Bundesländern gilt dies für 66 Prozent, in Sachsen für 73 Prozent. Guddi!

Vorurteil 6: Sächseln ist ein Verhängnis. Ganz schlimm erwischte es im Februar 2011 einen Sachsen in einem Oberhausener Bordell. Er verlangte »so ä Schnuggi«. Man verstand ihn nicht, er wurde gewalttätig und bekam schließlich Handschellen angelegt, aber nicht im SM-Studio, sondern von der Polizei, berichtet der Leipziger Germanist Peter Porsch, der aus Österreich stammt, gern in seinen Vorträgen. Und er zitiert zu dem Fall voller Lust die Überschrift der »Morgenpost«: »Kein Sex wegen Sächsisch«.

Deutsche Gerichte mussten bemüht werden, weil Unternehmen in den alten Bundesändern Sachsen wegen ihrer Sprache lange Zeit nicht einstellten oder, sobald ihnen das Sächsische zu Ohren kam, dem Sachsen kündigten. Call-Center stellen sächselnde Mitarbeiter nicht ein. Ein anderer Fall: Einer verkaufte in den 1990er-Jahren im Außendienst im Auftrag eines bayerischen Unternehmens Geldschränke. Solange er in Sachsen auftrat, schien das kein Problem zu sein, als er das aber ab 1998 in Bayern tat, wurde er wegen seines »sächsischen Akzents« plötzlich entlassen. Der Sachse klagte dagegen.

Die Folge ist klar: Das Arbeitsgericht Düsseldorf gab dem Sachsen recht. Die deutsche Justiz scheint tatsächlich unabhängig zu sein. Das Gericht meinte, dass die Kaufentscheidung von Kunden in der Regel nicht vom Dialekt des Verkäufers abhänge und gab der Kündigungsschutzklage des sächselnden Tresorverkäufers statt. Ein kleiner Sieg. Sächsisch ist kein Kündigungsgrund. Nu freilisch.

Vorurteil 7: Sächsisch ist eine Untersprache. Noch immer herrscht die Meinung, dass, wer Dialekt spricht, zur Unterschicht gehört, ungebildet, minderbemittelt ist. Wer von unten hoch will, von der Grundschule zur Hochschule, der muss Hochdeutsch sprechen. Er muss sich anpassen und deshalb eine angepasste Sprache sprechen. Das ist nicht ausschließlich ein sächsisches Phänomen, aber da der Sachse seine Sprache nicht verbergen kann, lässt sich hier das Exempel besonders schön statuieren. Noch immer wird gesagt, dass einer ins Sächsische verfällt, ähnlich einem Therapie-Patienten, der einen Rückfall erleidet. Eine Ursache, dass die Dialekte aus dem öffentlichen Bewusstsein zurückgedrängt wurden, war Mitte der 1920er-Jahre das Radio. Das neue Massenmedium musste sich den Massen verständlich machen. Das Radio hat nicht nur Nachrichten und Musik verbreitet, sondern ebenso Hochdeutsch. Auch in der DDR gab es nur nationale Programme: Radio DDR, Stimme der DDR, Berliner Rundfunk sowie Jugendradio DT 64. Es existierten zwar sogenannte Regionalstudios, aber nicht zur regionalen Sprachpflege. Die Zeitschriften und Zeitungen schrieben schon immer Hochdeutsch, orientiert an der Literatursprache, dialektspezifische Sprachausformung wurde nicht gepflegt, höchstens in satirischen Kolumnen.

Die Dialekte scheinen die Sprache der Alten zu sein, die bald unter die Erde kommen. Und wer will in einer sich jugendlich gebärdenden Gesellschaft schon alt aussehen. Niemand. Zudem scheint der sächsische Dialekt in den Untergrund zu gehen, weil sich der geschlossene Sprachraum nach 1990 öffnete: Es kam zur Vermischung der Dialekte mit den Zugereisten. Deshalb wird Hochdeutsch in Sachsen für die öffentliche Kommunikation genutzt. Aus Schulen, Büros und Ämtern ist Sächsisch, vor allem auf der Ebene der Führungskräfte, fast ganz verschwunden, zum einen weil die Sachsen daraus verschwanden oder verschwinden mussten, zum anderen weil Neusachsen, viele Multiplikatoren, aus den alten

Bundesländern kamen und ihre Sprache mitbrachten. Oben wird Hochdeutsch gesprochen, unten Sächsisch.

Die Folge ist klar: Der Dialekt hält sich wacker im Untergrund, er ist die Gegenbewegung zur Globalisierung. Sächsisch vermehrt sich auf angenehme Weise im ernsthaften Theater, im Film, in der Musik, in der Werbung, in der Literatur. Es sind erneut die Medien, die den Dialekt hochbringen. Sie erkennen die Kraft der Identität. Die nach 1990 vom MDR gegründeten Landesfunkhäuser, die beispielsweise MDR 1 Radio Sachsen senden, orientieren ihre Moderatorensprache an kulturspezifischen Phänomenen. Mit der Gründung der Privatsender wie beispielsweise Radio PSR, Antenne Sachsen oder RSA ist das Sächsische wieder im Sprachgebrauch. Die Sprecher pflegen eine Sprache, die sich an den Dialekt anlehnt oder ihn bewusst als Alleinstellungsmerkmal nutzt. Sie sprechen einen sogenannten Regiolekt, eine Mischung aus Dialekt und Hochdeutsch. Denn der Mensch identifiziert sich weniger mit Amtsdeutsch oder gestelztem Hochdeutsch, sondern er vertraut der Kultur, den Bräuchen und seiner Sprache. Deshalb ist Sächsisch die Hochsprache der Sachsen. Bomforzionös!

Vorurteil 8: Sächsisch ist Zone. Sächsisch wird von vielen als Ostdeutsch wahrgenommen, weil ihnen die geografische Zuordnung fehlt. Obgleich sich vor dem Mauerbau und nach dem Mauerfall die Dialekte mischten, zeigte die Mundart dazu nur wenig Bereitschaft. Der Dialekt wurde zum letzten Wahrzeichen der alten Trennung des deutschen Volkes.[11]

Und Sächsisch wird zugleich nie Westniveau erreichen, denn auf diesem Niveau spricht keiner. Deutsch heißt Vielfalt, und ein verbindliches Hochdeutsch existiert nur in der Schriftsprache. Beim Sprechen sind sich die Deutschen inzwischen einig, dass es keine Einheitssprache gibt. Wie schön, denn so kann im Verbalwettbewerb endlich Gelassenheit herrschen, und die Mundarten dürfen nebeneinander existieren, ohne dass sich Bayern, Schwaben, Berliner oder Sachsen permanent vergleichen müssen, wer nun den peinlicheren Dialekt spricht. Der Sprachwissenschaftler Karl-Heinz Göttert aus Koblenz verbreitet deshalb seit 2011 die These gegen das Einheitsdeutsch. Und er hat recht, wenn er schreibt: »Es gibt keine Einheitssprache. Nicht nur, weil keiner sie will, sondern weil sich Sprache ständig in Entwicklung befindet, Einheit im selben Augenblick zerstört, wo sie sich anschickt, sie herzustellen.«[12]

Die Folge ist klar: Sachse ist nicht, wer in Sachsen wohnt, sondern wer sächselt. Und genau deshalb gibt es auch keine politischen Grenzen. Was heute der Freistaat ist, ist noch lange nicht die freie Sprachzone der Sachsen. Die geht viel weiter, ein Stück von Sachsen-Anhalt gehört dazu, von Thüringen und Brandenburg. Es sächselt, wer einmal unter der Herrschaft der Wettiner gelebt hat. Sprachwissenschaftler Jürgen Erich Schmidt wies in einer Forschungsarbeit von 2011 nach, dass der sächsische beziehungsweise obersächsische Dialekt ein ostmitteldeutscher Dialekt ist. Früher waren das alle, die aus dem Königreich Sachsen kamen, jeder aus der Hallenser Gegend der preußischen Provinz Sachsen, Sachse ist auch der Thüringer, mindestens bis zum Rennsteig. Alle, die hier leben, und jene Sachsen, die hier lebten und ausgewandert sind, die sächseln. Alle sind Sachsen, Obersachsen oder Großsachsen. Kannsde gloobn.

Vorurteil 9: Sächsisch ist Schicksal. Schlimmes Schicksal. Fragt der Bayer den Sachsen: »Warum sind Sie denn aus Sachsen geflüchtet?« Der Sachse: »Nu, was soll mor da sachn ...« Der Bayer: »Sind Sie arbeitslos, haben Sie schlecht verdient, wachsen Ihnen die Schulden über den Kopf, werden Sie politisch verfolgt?« Der Sachse: »Ach nee, ich gonnde eefach den Dialegd ni mehr hörn.«

Und 10.: Sächsisch ist Widerstand. Ja, die Sachsen verteidigen ihren Dialekt genauso, wie sie ihn lächerlich machen. Das ist ihre Strategie. Paul Lange, Leipziger Publizist und sozialdemokratischer Politiker, drehte schon in den 1930er-Jahren den Spieß um und sagte: »Wir können es uns wirklich leisten, uns zu persiflieren … So wagen wir es, sächsische Drolerien zu bringen, ohne zu verübeln, dass man uns auslacht …« In seiner Doppeldeutigkeit und philosophischen Tiefe hat das Sächsische subversives Potenzial. Deshalb wurde der Dialekt von den Mächtigen nie gefördert. Denn sie spürten zwischen den Zeilen ihre Ohnmacht. Diese Sprachgewalt hat bis heute nichts an Kraft verloren. Im Gegenteil. Die Kraft zur Subversion ist systemübergreifend und verschwand nie. Im Kabarett und im Privaten überlebte der sächsische Dialekt das Dritte Reich und später die DDR. Im Dorf, in der Familie, am Stammtisch redeten die Sachsen, ohne sich die Zunge zu spalten. Dort wurde der Dialekt zur Sprache des Widerstandes. Und während heute noch immer der Dialekt von den Deutschen nicht ernst genommen wird, erlebt, wer genau hinhört, eine Renaissance des Sächsischen. Mitgewirkt daran haben Kabarettisten wie Uwe Steimle, Bernd-Lutz Lange, Gunter Böhnke, Olaf Böhme, Wolfgang Stumph und Wolfgang Schaller. Sie hächn un pflächn das Sächsische.

Und deshalb gründeten wir 2005 die Ilse-Bähnert-Stiftung zur Bewahrung und Förderung der sächsischen Kultur und Sprache, seit 2006 vergeben wir gemeinsam mit der »Sächsischen Zeitung«, der »Freien Presse«, der »Leipziger Volkszeitung« und MDR 1 Radio Sachsen jährlich am Tag der Deutschen Einheit das sächsische Wort des Jahres. Und die Sachsen machen alle mit. Danke!

Und warum? Hochdeutsch lernt der Sachse, um national verständlich zu sein, Englisch lernt er, denn es ist die Sprache der Welt, des Business, es taugt für den Beruf und die Reisen.

Aber abends, wenn der Global Player nach Haus kommt, den Kopf voller Brainstormings, Meetings und Screenings, dann sehnt er sich nach Muschebubu. Denn auch im Internetzeitalter kann der Mensch eines nicht ablegen: seine Mentalität, die sich im Dialekt am besten widerspiegelt. Deshalb ist der Sachse nicht sprachlos, sondern er sächselt los.

Der sächselnde Sachse

Der Sachse sächselt, wer sächselt, ist Sachse. Aber nicht alle Sachsen sprechen dasselbe Sächsisch. In Sachsen herrscht verbaler Pluralismus. Wissenschaftler sagen dazu regionale Varietät.[13] Sächsisch gesagt: Hier quatscht jeder, wie ihms Maul gewachsn is. So ist das Sächsische in Leipzig am breitesten, in Chemnitz am gesungensten und in Dresden so fein, dass hier aus der Garage eine Karasche werden kann. Der Oberlausitzer aber, der sich eher als Schlesier denn als Sachse fühlt, ist einer, der rollt, was sich rollen lässt. Mit einem Rrrohrrr kann man das Rollen besonders gut üben. Wenn ein DDR-Bürger beispielsweise nach einem Rohr für seinen Trabant fragte, wusste jeder, er benötigt einen neuen Krümmer für den Motor. Der Kfz-Mechaniker in der Oberlausitz wusste nur zu sagen: Ä Rrrohrrr is ä rrrrahrrrerrɽ Arrrrtigl. Der Erzgebirgler forwurzelt sein Sächsisch in der Gegend, wuu de Hasen Hoosn un die Hoosn Husen haßn.

Das verwirrt den Deutschen, weil er den Sachsen gern eingegrenzt, aber vor allem ausgegrenzt hätte. Aber der Sachse wehrt sich, indem er sich mit seiner Sprache grenzenlos abgrenzt. Ja, der sächsische Dialekt ist dialektisch. Er ist die Redekunst der feinen Gegensätze. Hier besiegen angeblich dä Weechn dä Hardn. Das sprechen auch alle so, die vom Sächsischen nichts verstehen. Der Sachse erduldet diese Regel, aber

sie ist als unwiderrufliche Regel falsch, denn der Sachse beweist auch in seiner Sprache, dass er sich nicht regeln lässt.

Man kann es auch anders sagen: Hier lässd morr dä Worde,
wie se komm, breet, weech und lässsch über dä Libbn loofn,
bis alles naus is. Der Augenarzt zeigt dem Sachsen eine Karte
an der Wand mit den Buchstaben A, O, K, P, T. Dann fragt er:
»Und können Sie die Buchstaben lesen?« Der Sachse: »Läsn
schon, aber nich aussprechn.« Doch wenn der Sachse etwas
Wichtiges sagen will, dann wird es hart – an der falschen Stelle. Das sagte Peter von Zahn, ein bekannter Fernsehjourna-
list des NDR und ZDF, geboren 1913 in Chemnitz, gestorben
2001 in Hamburg. Der Sachse kann, wenn er will, seine Konsonanten notfalls zu klarer Gestalt zwingen, über die Vokale
jedoch hat er keine Macht. Zahn sagt auch: Das Sächsische
geht den Weg des geringsten Widerstandes. Wie der Sachse. Sächsisch ist nachgiebig. Die Sprache gibt nach. Wie der
Klügere.

Kurzer Blick in die Geschichte? Geht schnell: Im 11. und
12. Jahrhundert besiedelten deutschsprachige Menschen aus
dem niederdeutschen, dem mitteldeutschen und dem ober-
deutschen Sprachgebiet das heutige Sachsen. Da wurde zu
jener Zeit Ost-Slawisch gesprochen, schließlich lebten hier
einige slawische Stämme. Beide Sprachen überlagerten sich
zunächst, dann wurde das Slawische, mit Ausnahme des sor-
bischen Gebietes, verdrängt, aber einzelne Wörter verblie-
ben im Sprachgebrauch der neuen Siedler. Bis heute. Denken
wir an Schaluppe, Hornzsche oder nu und die vielen Städte-
namen mit -itz am Ende, wie Bannewitz, Mockritz, Klein-
zschachwitz, Leubnitz, Plagwitz oder Zabeltitz. Im Laufe der
Zeit mischten sich die Siedler in ihren neuen Siedlungen aus
der mitgebrachten Mundart, dem Niederdeutschen, dem
Fränkischen oder auch dem Bayerischen und sowie dem Ost-
Slawischen und einem bisschen Latein, so wurde ja zu jener

Zeit geschrieben, ihre eigene Mundart, also ihre Siedlungs-
mundart. Später kamen Einflüsse aus dem Französischen
hinzu. Das bringt ihn nicht in dä Bredullsche, bredouille, er
äschofiert, échauffer, sich auch nicht darüber, sondern findet
es bomforzionös, bon force. Der sächsische Adel pflegte die
französische Sprache, die hugenottischen Glaubensflücht-
linge, die sich in Leipzig und Dresden niederließen, und na-
poleonische Soldaten brachten Vokabeln mit, die sich hier
wohlfühlen. Über 300 Wörter französischen Ursprungs nutzt
der Sachse bis heute.

Es entstand eine vielfältige Sprachlandschaft, die als Sächsisch zusammengefasst wird, weil es viele Gemeinsamkeiten
gibt, die sich aber aus über 20 verschiedenen Sprachregionen zusammensetzt. Zum Beispiel dem Vogtländischen, dem
Westerzgebirgischen, dem Osterzgebirgischen, dem Meiß-
nischen, dem Oberlausitzerischen, West- und Ostlausitze-
rischen oder dem Südmärkischen.[14] Dafür gibt es weit über
eine Million Wortbelege, gesammelt von der Sächsischen
Akademie der Wissenschaften zu Leipzig zwischen 1955 und
1972, im Wörterbuch der obersächsischen Mundarten veröffentlicht. Jedes Jahr schicken zudem Sachsen für den »Großen Gogelmosch, das Wörterbuch der Sachsen«, 3000 Wörter an die Ilse-Bähnert-Stiftung, die inzwischen über 15 000
sächsische Vokabeln sammelte und vor dem Aussterben be-
wahrt.

Sächsisch besitzt etwas zutiefst Ursprüngliches. Da ist es
übrigens dem Schwäbischen aus dem Ländle sehr ähnlich.
Sachsen und Schwaben stoßen Urlaute aus, die beim Sachsen aber noch uriger sind. Vielleicht versteht der Deutsche
ihn deshalb nicht, und so gerät der Sachse in den Verdacht,
ein Hinterwäldler zu sein. Im Sächsischen werden viele Vokale, aber auch die r-Laute ziemlich weit hinten im Mund artikuliert. Zudem nuschelt dorr Sachse. Das führt dazu, dass

Sächseln zwar Phon, aber keine Phonetik besitzt. Die Buchstabenrestverwertung kommt vom Frühneuhochdeutschen Nuseln, also Näseln, durch die Nase sprechen. Schmallippig kann er nur minimal den Mund öffnen, weil er die Zähne zusammenbeißen muss, er klemmt Buchstaben in sein Nuschlbrett ein oder zieht sie zusammen, um überhaupt etwas rauszukriegen, denn er ist zugleich einer der begabtesten Sprachökonomen.

Während der Deutsche sagt: Können Sie vielleicht …, sagt der Sachse: Gänsefleisch. Der Deutsche sagt: Wir werden Regen kriegen. Der Sachse sagt: Räschnwärmorgrieschn, was der Deutsche wiederum versteht als: Regenwürmer kriechen. Der Deutsche sagt: Jetzt wird es aber tüchtig gebirgig. Der Sachse sagt: Jetzewärdsawwrdüschdschhüschlisch.

Die Mundart spart sich überflüssige Äußerungen. Der Deutsche sagt: Das weiß ich nicht. Der Sachse sagt: Weeßschni. Der Deutsche sagt: Das habe ich, das kann ich, das glaube ich. Der Sachse sagt: Habsch, gannsch, gloobsch. Deutsch: Das glaube ich auch. Sächsisch: Gloobschoh. Wobei heutzutage die Glaubensfrage von dem Sachsen meist anders beantwortet wird: Ni zu gloobn!

Außerdem kann durch die ökonomische Mundart ein Wort mehrfach eingesetzt werden, denn es bedeutet viel. Eine Fliege, die fliegt, eine Fliege, die man um den Hals trägt, Pflüge, die das Feld pflügen, Flüge, die man bucht, oder Flüche, die man ausstößt, subsumiert der Sachse als Fliesche. Das ist ökonomisch, wirkt aber zugleich auf viele Deutsche distanzierend, weil der Sachse scheinbar manches für sich behalten will.

Der Sachse verfügt zudem über ein großes Arsenal an naturnahen Entäußerungen. Es handelt sich um elementare Laute, um Wörter, die aus der Empfindung heraus- und oft als Ausruf daherkommen: ä, äscha, äbsch, ach, asch, au, ba, bäh, baff, buh, dudu, droff, Draasch, escha, euja, fabsch, gägsch, ha, hä, huhu, ibbsch, iwou, juchuhh, labsch, ma, mamam, mor, nu, nor, ni, nää, ock, ooch, off, iwo, radzn, uh, ullgsch oder urst.

Diese Laute kennt der Deutsche eigentlich nur noch von Urvölkern, beispielsweise den Himbas in Afrika, den Aborigines in Australien oder der Maori in Neuseeland. Wenn der Deutsche das hört, dann sagt er, das sei keine Sprache. Er hat recht, es ist Sächsisch. Es handelt sich um Laute einer urigen Gesellschaft, die bei den geringsten Kleinigkeiten in Verzückung gerät. Dieter Wildt nannte es das Wotan-Winnetou-Zarathustra-Gefühl. Es sind sächsische Gefühlsausbrüche mit Urlauten, die wie ein Fundament unter der Sprache liegen. Hier handelt es sich um die Verbalbasis, die einen Grundwortschatz bildet. Es sind die Wortwurzeln der Kommunikation. Man könnte annehmen, die gesamte Sprache der Menschheit geht von diesen Urlauten aus und auf sie zurück: Der Sachse erfand die Sprache. Erst war der Sachse und dann das Wort. Das wird der Sachse natürlich nie behaupten, so vermessen ist er nicht, aber er lässt die Vermutung zu.

Deshalb kursieren auch krude Theorien über die Anatomie des Sachsen in der Weltgeschichte. Der Sachse sei in der Lage, urige Laute von sich zu geben, weil sich in seinen Sprechwerkzeugen die Urform verfestigt hätte. Er habe schmale Lippen und einen breiten Mund, zudem würden seine Mundwinkel vertikal nach unten fliehen, sie könnten der Gravitationskraft der Erde nicht widerstehen, und der Unterkiefer schöbe sich leicht nach vorn. Die breite Ausströmung des Wortschatzes setze einen breiten Mund voraus. Deshalb muss dorr Sachse das Lähm ähm nähm, wie das Lähm ähm is. Der Sachse müsse als mutierter Volksstamm das Sächseln vor sich hertragen. Er kann angeblich nicht anders. Sächseln sei Schicksal und, ganz im Gegensatz zu einer Hasenscharte, operativ nicht zu beseitigen. Es handele sich nicht um eine Krankheit, sondern um Anatomie. Der sächsische Schädel sei die Ursache. Sächsisch also ein Gendefekt. Eine tierisch-satirische Theorie.

Für ein Kabarettprogramm entwickelten wir daraus die Schädeltheorie und erklärten heiter, dass die Mutation des Sachsen-Schädels angeblich vor reichlich 2000 Jahren entstand, als der Alt-Sachse, der Homo Sapiens Saxiensis, an der Elbe lagerte und sich mit dem Hermunduren, dieser speziellen Art des Neandertalers, auseinandersetzen musste. Der hatte nicht alle Steine auf der Schleuder und war in seiner Entwicklung zurückgeblieben. Diese vom Aussterben bedrohte zweite Menschenart besetzte damals das Kernland der Sachsen im Elbtal. Deshalb heißt er Neandertaler. Der Hermundure besaß diesen urigen Schädel. Um seine Art zu retten, mischte sich der Hermundure gewalttätig mit einigen Sächsinnen, die sich vergeblich dagegen wehrten. Es entstanden sogenannte Hybrid-Sachsen, deren Gene die Mutation vorantrieben und ihre Schädelform veränderten. Deshalb der Unterbiss. Die anatomische Schädel-Verformung führt zur Dehnung der Stimmbandlippen und somit zur Stimmsenkung und Verlangsamung: »Das gann doch woh ni wohr sein.« Den Oberbiss sehen wir dagegen beim Berliner. Hier hören wir die verkürzte Lautbildung: »Det kann ja wo ni wahr sein.« Dem Sachsen rutscht, ob er es will oder nicht, bei bestimmten Lautverbindungen die Zunge nach hinten. Die Zungenmuskulatur wird vom zwölften Hirnnerv gesteuert, der beim Sachsen weniger ausgeprägt ist als beim Deutschen. Der Sachse kann somit weniger Kontrolle über seine Zungenmuskulatur ausüben. Er lässt sie also hängen. Natürlich wissen wir, dass der, der seine Zunge hängen, sich selbst hängen lässt, dass der, der die Vokale gehen, sich selbst gehen lässt.

Das wirkt behäbig, wohlig, formlos. Der Berliner, geprägt durch seine preußische Vergangenheit, liefert uns das Gegenteil, weil er seine Zunge im Griff hat. Er spricht schnell, hart akzentuiert, ein wenig kalt und frostig, schneidend, scharf, prägnant, er zügelt seine Zunge so, wie der Preuße sich selbst zügelt. Der Preuße sagt: Jawoll. Der Sachse sagt: Das wolln morr erscht ma sehn. Der Preuße sagt: Jetzt werd ick sauer. Der Sachse sagt: Da wärsch fuchtsch. Der Preuße sagt: Du bist mir völlig ejahl. Der Sachse sagt: Du gannsd mich ma fäddläggn. Der Preuße sagt: Ick gehe. Der Sachse sagt: Isch duh mich woh bessr forgriehmln.

Der Sachse verlässt sich aber vor allem auf das, was er selbst erklären kann. Der erste Lehrsatz des Sachsen lautet: Wer einmal sächselt, wird es schwer wieder los. Dieter Wildt schrieb: »Sächseln ist nicht abwaschbar, Sächseln wird eintätowiert.« Der Schriftsteller Alexander Moritz Frey, ein guter Freund von Thomas Mann, meinte: »Es ist ein Idiom, das wie ein unentfernbares Gift an den Stimmbändern aller Sachsen kleben bleibt.« Und Gerhard Zwerenz sagt: »Sachsen sind von ihrem Dialekt gekennzeichnet wie von einer in den Baum geschnittenen Kerbe.«

Sächsisch ist einfach zu sprechen. Man muss es nur können und dabei locker bleiben. Sächsisch ist nicht so derb wie Bayerisch, nicht so wabbelig wie Schwäbisch, nicht zackig wie Berlinerisch, nicht gestelzt wie Norddeutsch. Im Sächsischen sind die Vokale dumpf und schwach, die Konsonanten weich und geschmeidig. Dä Gusche zu spitzen widerspricht dem Sächsischen. Im Vergleich zum norddeutschen Tonfall, zum Berlinerischen oder Rheinischen klingt das Sächsische charmant, weich, ganz und gar undeutsch eigentlich. So wird die harte deutsche Befehlssprache lieblich und angenehm, irgendwie französisch, gemütlich und kuschelig. Das erfordert Haltung. Der Leipziger Kabarettist Thomas Nicolai spricht in seinem Buch »Sächsisch für Anfänger« von der Kiefer-Grundhaltung.

Die Schauspielerin Ethel Schwirten war eine der Ersten, die es erklärten: »Oberkörper entspannen, Unterkiefer vorschieben, nichts denken und die Sprache rausströmen lassen.« Kommunikationstrainerin Annekatrin Michler begann 2011, Studenten an der Leipziger Uni Sächsisch zu lehren, und forderte die jungen Menschen für das Abenteuer Fernost zuerst auf, die Schultern sinken zu lassen. Das ist Lektion 1 der gelernten Businesstrainerin, die gebürtige Leipzigerin ist: »Um gutes Sächsisch zu sprechen, muss man zuerst den Kopf nach unten kippen, die Schultern einziehen und die Gusche breitziehen. Da kommen Studenten gut mit!« Logisch, die sehen das Meiste sowieso ziemlich locker.

Ja, die Sachsen bringen den Zugereisten die Sprache bei, auch ihren Kindern. Noch vor Jahren gewöhnten sie ihnen Sächsisch ab, heute erklären sie ihre Sprache. Der legendäre Heest-Heißt-Satz wandelt sich: »Mei Guder, das heeßt nicht heißt, das heißt heeßt.« Auch jene Sachsen, die das Land verließen, werden das Sächsische nicht los, sie wollen sich zum Beispiel nicht daran gewöhnen »Viertel vor« zu sagen, sondern bleiben bei »drei viertel«. Und der Sachse in Sachsen wird verrückt, wenn einer »Viertel vor« sagt. Noch keiner sah eine Flasche, die Viertel vor voll war, sondern sie ist immer drei viertel voll. Deutschland ist bei der Zeitrechnung noch immer geteilt. Es gibt die einen aus Viertel-Vor und die Sachsen aus Drei-Viertel, zusammengesetzt wird aber eine runde Sache draus. Deshalb setzten sich Sachsen für die Deutsche Einheit ein, sie hassen halbe beziehungsweise Viertel-vor-Sachen.

Der Einfluss des Englischen hat wohl dazu geführt, dass von der vollen Stunde ausgehend die Zeitangabe nach um und bis halb nach (past) und nach halb bis um (to) genannt wird. Jüngere Sachsen sagen das auch so, die älteren wehren sich dagegen, sie mögen Englisch nicht wirklich, not really. Denn auch bei einem Kaffee to go denken sie eher an Togo in Westafrika, die alten deutschen Kolonien, als an einen Kaffee zum Mitnehmen. Sächsisch verenglischt zunehmend, was die Sprache vermanscht. Dabei werden Erinnerungen wach. Denn der Sachse pflegt eine jahrhundertealte Beziehung zu England. Ländereien auf der Insel tragen noch heute jene Namen, die ihnen einst sächsische Siedler in Süd-Sachsen, Ost-Sachsen, West-Sachsen und Mittel-Sachsen gaben. Die Engländer nennen diese Gegenden in Unkenntnis ihrer sächsischen Herkunft heute Sussex, Essex, Wessex und Middlesex. Im Hydepark mitten in London trifft der Besucher am Albert-Denkmal sogar auf das sächsische Wappen, weil sich in der alten Tradition viel später das sächsische und der britische Königshaus miteinander verbandelten. Die Engländer sind unvergessen, auch wenn sie später Bomben über Sachsen abwarfen. Auch wenn die Engländer den Bomberpiloten im Juli 2012 in London ein Denkmal setzten, bleibt fast 70 Jahre nach dem Krieg vor allem das Gefühl der Versöhnung.

Die Engländer sprechen so wunderbar Sächsisch. Schon das sächsische Wort word gaben die Sachsen den Engländern. Obwohl die manchmal das eene oder andre word verwechseln. Denn während dorr Sachse Woh? fragt, sagt der Engländer where und wenn dorr Sachse Wär? fragt, fragt der Engländer Who?. Aber babbeln, englisch babble (reden) tut der ganz genauso wie blärrn, englisch blare (plärren). Und das sächsische Iewl, englisch evel, gesprochen iewl (Übel) hat er von den Sachsen gelernt. Genau wie gud, englisch good, gesprochen gud (gut). Mir missn den besser briefen, gehört genauso zu den deutschen Ursprüngen, englisch brief (schriftliche Information), die genutzt werden. Das hälsde im Kopp ni aus, englisch cup (Tasse), kommt eigentlich von Kappe, der hohlen Schädeldecke, aus der ganz früher die wilden Sachsen tranken. Das Englische ist durchdrungen von sächsischen Wörtern, von Abbl, englisch apple, oder Asch, englisch Ashbin (Eimer), über Blud, englisch blood (Blut) oder isch bin blang, englisch blank (leer), anhoosn, englisch hos (Strumpf) bis zu Karre, englisch car (Auto), wörschn, englisch work (arbeiten) oder worm, englisch warm (warm). So weiß jeder sofort, dass warm up einfach aufwärmen bedeutet. Dass der Sachse angeblich bei Kälte im selten verschneiten London auf einen Weihnachtsmarkt geht und »ä dännschen please« sagt, um eine Tanne zu kaufen, ist einfach nur lachhaft. Wahr ist vielmehr, dass die Sachsen dem Fluss Themse seinen Namen gaben. Schließlich war bei ihrer Ankunft dort eine verdammte Dämse (Schwüle). Deshalb lässt sich Englisch so einfach sächsisch sprechen. Und andersrum. Das eint die Sachsen und die Engländer.

Und was eint die Sachsen? Eine gemeinsame Ansicht: Das beste Sächsisch spricht man immer selbst, das schlimmste immer der andere. Und es gibt noch viel mehr Gemeinsamkeiten. Und zwar so starke, dass es nicht verwunderlich ist, welch tragende Rolle das Sächsische, egal, ob geliebt oder gehasst, in und für die deutsche Sprache spielte und spielt. Es gibt im Sächsischen keine Schreibregeln, aber Sprachmerkmale. Das sächsische Alphabet beweist das.

Damit der Deutsche den Sachsen besser verstehen kann, muss er das sächsische Alphabet kennen. Vielen Deutschen fehlt das Verständnis für den Sachsen, weil sie buchstäblich taub sind für das, was der Sachse sächselt. Das liegt an dem sich ausbreitenden Analphabetismus, der in Deutschland regiert. Dies trifft auch auf Sachsen selbst zu, denn viele Oberbeamte, die in Sachsen arbeiten, haben einen Migrationshintergrund. Sie benötigen dringend einen Integrationskurs, der sie buchstabenweise ans Sächsische heranführt. Also bitte:

Das A rundet sich in einigen sächsischen Sprachregionen gern zum O, so ist das A das A und O der sächsischen Sprache, eine Art Zugangscode. Manchmal klingt es wie Oah. Das A verdumpft zudem im Wortmittelpunkt, so wird aus fragen frochn oder aus einem Spaten ä Schbodn. Der A-Laut breitet sich zudem oft zum Ä aus. Dem Sachsen reicht sein Ä für eine große Palette von Bedeutungen. Sein Ä sagt mehr als tausend Worte. So spart er sich Buchstaben und damit Atemluft. Mit der Nachnutzung des Ä im gesamten deutschen Sprachraum könnte der Kohlendioxidausstoß um ein Vielfaches gesenkt werden. Da der Sachse gutes Klima mag, mäandert er sich mit seinem Ä ägal durchs Läbn. Sein Ä reicht vom Ä als unbestimmtem Artikel wie ä Blääsbrääd oder einem ä ää ä als

Hinweis auf eine Denkpause, über ein längeres Ä als Ausdruck der Ungläubigkeit, die doppelte Verneinung ä ä bis zu einem leicht variierten Ä als Form der Hochachtung oder einem gehusteten Ä als Hinweis auf völliges Unverständnis weiter bis hin zu einem abfällig intonierten Ä als komplette Ablehnung oder einem fragenden Ä mit vorgesetztem H, was als »hää?« einfach nur »wie bitte?« heißt. Noch Frochn?

Das B is babbsch wie eine überreife Birne am Bärnboom und ersetzt oft P, den sächsischen Buchstaben mit der stärksten Konsonantenschwäche. Bärnboom schreibd mor midn Bärnboom-Beh und Babbelboom schreibd mor midn Babbelboom-Beh. So wird aus dem Papst dor Baba. Manchmal fragen sich die Sachsen, ob ihr Pastor zu ihnen passt. Dann fragen sie: Bassd dor Basdor oder bassd dor Basdor ni? Beim Sächsln wird pappig zu babsch, die Pein zum Bein, der Pass zum Bass, die Oper zum Ober, das Pack zur Bagahsche, das Handgepäck zum Keks, also zum Gebäggschdigg. Und wenn der Sachse ein Päckchen bekommt, grichd dor rode Bäckchn, statt packen geht er baggn. Der Sachse plaudert nicht, er babelt.

Noch mal Kabarett gefällig? Das erste Wörterbuch der Sachsen, das Urwerk der Sprachreligion, hieß Babel und erzählt erstmals die Geschichte des Volksstammes. Das Volk, das e i n e Sprache sprach, kam aus dem Osten und ließ sich im Flusstal nieder. Dort begann es die schönste Stadt und einen Turm mit einer Spitze bis zum Himmel zu bauen. Da stieg der Herr herab, um sich Stadt und Turm anzusehen. Da Gott das Gebabel des Volkes nicht verstand, befürchtete er, dass diesem Volk nichts mehr unerreichbar sein würde. Deshalb verwirrte Gott ihre Sprache zu einem babylonischen Sprachgewirr und vertrieb sie aus ihrer Heimat. Der Turmbau zu Babel endete. Es war Moses, der das Volk durch die Wüste in seine Heimat führte, denn es wollte endlich wieder frei seine Sprache sprechen dürfen. Die Sachsen wollten ihre Freiheit. Sie tauschten die stickige Atmosphäre des unfreien, aber geregelten Lebens gegen die frische Luft des freien und neu zu regelnden Lebens. Es begann die Wanderschaft durch die Wüste, und nach 40 Jahren kamen sie schließlich an. Nach zwei Generationen. Und konnten endlich frei babeln.

Beim B existiert noch ein weiteres Phänomen: Das B wird häufig zum M oder einem W. Damit kann sich der hochdeutsche Abend zum sächsischen Amnd wandeln, haben zu hamm, habe zu hawwe oder aber zu awwr. Geht ein Sachse in den Laden und fragt: Ham Se och noch andre Werkzeiche außr Hammor? Da sagt der Baumarktmitarbeiter: Ja, hamr. Na, ham Ses forstandn?

Das C ist einer jener Buchstaben, den der Sachse einspart und nur in Verbindungen als Ch oder Sch verwendet. Ch existiert als kehliger Laut und ersetzt das G. So wird aus einem Vogel ein Fochl. Vor allem nach Zwielauten wird das G ganz weich, ein Teig zum Deech, wobei der Deutsche Teich versteht und schon wieder ein Missverständnis aufkommt. Das Ch als Ich-Laut wird fast immer zum sch, was vielen Deutschen viel zu technisch, also zu deschnisch, erscheint und auch zu Kuriositäten führen kann. Denn in Sachsen kann aus einem Architekten ganz schnell ein Arschidägd werden und ein Tisch zum Disch, was aber auch Dich meinen kann. Außerdem erkennt der Sachse eine Besonderheit der Lautbildung im Rachen. Das Ch reibt sich: aus rauchen wird roochn. Und in der Nasenwurzel verändert sich das Kn zu Gn. Der Sachse muss Wörter durch die Nasalierung hörbar schniefen: Knöchelchen werden so zu Gnöbberzchn.

Am Anfang von Wörtern wird Ch oft zu Sch, also aus China Schiena, ganz im Gegensatz zu den Süddeutschen, wo China Kiena heißt. Allerdings zeigt sich auch beim Ch, dass der Sachse keinesfalls festgelegt ist, denn aus Chemnitz wird nie Schemnitz, sondern immer Kemnitz.

Auf eine Feinheit sei noch hingewiesen. Es kann je nach Region auch passieren, dass das Ch einfach wegfällt. Denn in und um Leipzig heißt nicht beispielsweise nich, aber in und um Dresden ni. Is ni und nich wahr! Doch.

Das D ist weech wie nä Drahndude. D ersetzt T, DD das TT, DS und DZ das TZ und Z. Bleibm Se offn Däbbsch, bleiben Sie auf dem Teppich. Natürlich sind auch hier Missverständnisse programmiert, denn wenn der Sachse Bodn sagt, meint er Boten, aber der Deutsche versteht Boden, und der Sachse duscht auch nicht mit wasserfester Tusche, auch wenn er Dusche sagt. Noch einer. Der Deutsche sagt: Ich würde gern mal nach Dresden fahren und mir dort eine Trompete kaufen, um mit dieser so lange zu trompeten, bis die Trompete nicht mehr trompetet. Sächsisch: Ich dähde ma nach Dräsdn düsen, dord dähdsch mir nä Däde goofn, dann dähdsch so lange däden, bis dä Däde ni mehr dädn dähde.

Das E ist dem Ä sehr nahe, so wird aus dem Leben das Lähm. Und hier erkennen wir den Unterschied zwischen Leipzig und Dresden. Der Dresdener kann sich nicht leipzigern, aber der Leipziger dräsdn (trösten). Außerdem bleibt das E gern allein, es mag den Zusammenhang mit I, also Ei, nicht. Wissenschaftler nennen es Monophthongierung, also lautliche Veränderung, der Sachse nennt es Ei-Allergie. In Sachsen geht man nicht zum Fleischer, sondern zum Fleescher, ein Kleid heeßt Dleed (warum Dl, wird bei K erklärt), er macht nicht mit einem Eimer alles rein, sondern mit äm Eemer voll Seefe reene. Zwei wird zwee, weich weech. Das Hinterhältige an der Ei-Allergie ist ihre Unberechenbarkeit. Denn ein Ei bleibt ein Ei und die Feiertage Feiertage. Die Wechselhaftigkeit des Eis ist historisch, denn im Mittelhochdeutschen gab es eine klare Unterscheidung beim Sprechen von Wörtern mit Ei und solchen mit Ee. Die mittelhochdeutsche Seife beispielsweise wurde als Seefe gesprochen, der Feiertag aber als Feiertag. Die Lautverschiebung zum Hochdeutschen hin hat alles mit Ei vereinheitlicht, die Mundart erhielt es. Eiforbibsch noch ä ma. Und noch etwas: Bei den Vorsilben ver- und zer- wird das E zum O, also aus verlieren forliern oder aus zertreten zorlatschn. Und wie längst bemerkt worden sein dürfte, wird das E in der Endsilbe eefach weggelassn oder es wird am Ende aus dem E ein O, Beispiel: unter, sprich undor. Und um alle Klarheiten zu beseitigen, ersetzt der Sachse das Eu durch Ei. So darf man sich wundern, wenn der Sachse eine Feier ausruft, obwohl ein Feuer brennt, oder einer Frau im Heu einen Hai zeigen will und beim Kegeln hat er im Glücksfall alle Neine.

Das F bleibt F, ersetzt als Forsilbe der Einfachheit halber das V, das sich der Sachse spart, um nicht ständig vor- und for- zu forwechsln.

Das G ist vielfältig einsetzbar, denn es dient als G, ersetzt zumeist das K und außerdem das Q, was das sächsische Alphabet ignoriert. So wird zum Beispiel der Quark zum Gwarg. Und Gwarg alleene macht grumme Beene. Im Sächsischen wird zudem aus G ein Ch, in einigen Regionen ein J. In der DDR war das überlebenswichtig, denn der Sachse konnte so sagen, dass dorr Sozialismus siecht, behielt recht, aber konnte sich gegenüber der Staatsmacht immer im Dialekt rausreden. Aber jeder wusste, irschendewas stimmte nicht. Und überall auf der Welt können Griechen zwar aus Römern trinken, aber nicht andersrum. Nur in Sachsen können Römer ooch aus Griechn (Krügen) saufn.

Die Silbe -ig wird im Sächsischen am Ende einer Wortes oder einer Silbe zu -isch. Der lustige König zum lusdsch Geenisch, der in Sachsen noch immer lebändsch is. Dorr Zeissch flieschd eilisch durchs Gebirsche. Bei der Mehrzahl übrigens bleiben Könige Könige und Zeisige Zeisige. Das is ni wischdsch, abor rischdsch.

Das H hilft immer, alles zu dehnen, was dehnbar ist. Sachsen dehnen gern mal eine Erklärung aus und nutzen dafür Duhworde. Denn schon im Duden steht, dass duhn ä Duhword is. Man kann was Gutes oder schön duhn. Duhn odr nischt duhn, das war doch schon immer die Frage. Duhn ist ein unregelmäßiges Verb, deshalb duhd der Sachse ooch regelmäßig niemandem nischt. Nu freihlisch. Abends nach dem Duhn, dah gann mor sich mah gehn lassn im Muhschebuhbuh. Doch am nächsten Morgen weiß der Sachse wieder ganz genau, wenn er mit einem Deutschen spricht, sollte er das Duhword duh duhnlichst vermeiden.

Das I ist i, das IE ersetzt das Ü. Denn das Ü kann nur mit gespitzten Lippen artikuliert werden. Der Deutsche hat vielleicht spätestens hier begriffen: Wenn mor ordentlich Säggs'sch babeln will, muss morr dä Gusche rischdsch breed machen, sonnsd wärds nischd. So wird der Überzieher zum Ieborziehor. Das I kann aber auch ersetzt werden durch ein E, die Stirn wird so zur Stern. Manchmal ersetzt auch ein Ä das I, deshalb reimt sich nur in Sachsen Gedränge auf Kirche, so ä großes Gewärsche in dorr Gärsche. Sächsische Sprachübung: In Bärne offn Bärche da saßn zwee Zwärche, die zorrubdn nä Lärche, war das ä Gewärche. Pirna wird zu Bärne, was durchaus zu Verwechslungen führen kann. Aber um es gar nicht erst so weit kommen zu lassen, trägt die Elbestadt das Obst gleich im Wappen. Noch eine Sprachübung aus einem Pirnaer Kleingarten: Ich döste ma, morr solls ni gloobn, im Gardn undorn Abblboom. Off ehma: gladdsch! Ich war glei mundor, floch näbn mir ä Abbl nundr. Ich beiße nein und sach's ni gerne: Dorr Abbl war nä echde Bärne. Wer übrigens in Sachsen bärnsch ist, der schlägt über die Stränge, der ist ausgesprochen ausgelassen, geradezu übermütig, der geistert besessen durch die Gassen, um andere zu erschrecken. Zu Fasching wärd bärnsch gemacht. Das Wort kommt vom Ortsnamen Pirna, dort befand sich früher auf dem Sonnenstein eine später in der Nazizeit wegen Zwangssterilisation und Vernichtung Geisteskranker berüchtigte sächsische Nervenheilanstalt. Jetzt sitzt dort der Landrat mit seinem Amt und verwaltet den Landkreis Sächsische Schweiz–Osterzgebirge.

Das J wird gespart und meistens zum Ch oder Sch, so wird aus Junge dor Dschunge, weil sogar vor das Sch noch ein D gesetzt wird, aus Johanna Dschohanna.

Das K gibt's ni, nur für jene, die in Dresden feines Residenzsächsisch oder in Leipzig Gewandhaussächsisch pfleken. So wird im alltäglichen Sprachgebrauch aus der Kunst die Gunst, aus einem Kabel eine Gabel, aus Karten ein Garten, aus Klamotten dä Glädahsche, aus Kartoffelpuffern werden Glitschor, ein Keil wird geil. Und wer Kerze sagt, der muss in Sachsen in aller Kürze wissen: In dor Gärze lieschd dä Wärze. Viele Männer glauben auch: Undor dor Schärze lieschd dä Wärze. Aber bei überfeiner Betonung kann auch aus der Gunst die Kunst werden, aus einer Gabel ein Kabel und einem Garten gute Karten und beim Friseur gämmt er seine Klatze. Lässig wird's weicher, aber bei der Übertreibung hart und das ändert den Sinn, der ni weeß, wies geht. Eine der klassischen sächsischen Sprechübungen zum K heißt: Gaiser Garl gonnde geene Giemmelgörner gaun, abor Guchengriemel gonnd er gadschn.

Außerdem wandelt sich das K, folgt ihm ein L, also Kl, bei großer Erregung in Dl um, genau wie sich Kn sächsisch Dn spricht. So wird aus einem kleinen Knaller ä dleenr Dnallr. Die ist Folge eigentümlicher Lautverschiebung. Die Konsonanten beharren tradiert im Artikulationsraum Gaumen, die Mitlaute dnebln dä Dlabbe, als hädde dorr Sachse än

Dnaggs. Hier wird dorr Dlang gednatscht und gednietscht, als wären die Lippen labsch. Dabei ist es so einfach. Der Deutsche sagt: Kleine Kinder können keine Kirschkerne kauen. Aber was sagt der Sachse? Dleene Dnallor schluggn gerne Gärne. Oder: Es dlabberdn die Dlabborschlang, bis ihre Dlabborn schlabbor dlang.

Das L bleibt L wie bei labsch, läbbsch, lässsch, labern, lawede, lunschn, Laadsch oder Luladsch.

Das M bleibt M wie bei mährn, Mäfdl, mäschugge und Mooler. Die sind im Dresdener Raum Bonbons oder – besser erklärt – kleine Steinchen im Mund. Sie helfen, wenn es trocken wird, und vor allem, wenn man mal nicht weiterweiß: Mmmmm.

Das O kann allein nicht, es braucht das U als Halt, bestens zu hören im Stadion von Dynamou. Oben wird oubn und so sou. Es werden auch Wörter möglich, die sonst unmöglich sind, wie beispielsweise iwou, klingt finnisch, ist aber sächsisch und heißt keinesfalls. Außerdem kann der Sachse sou Mädchennamen besonders ausdrucksstark sprechen: Mounika oder Ilouna fühlen sich besonders benannt. Der Sachse rundet oft das Ö zu wenig, deshalb werden aus Vögeln Fechl. So kann es zu Verwechslungen kommen, wenn der Sachse Besn sagt, Böse meint, aber der Deutsche Besen versteht, der Sachse Hefe sagt, Höfe meint, aber der Deutsche Hefe versteht oder der Sachse Kehre sagt, Chöre meint, aber der Deutsche Kehre versteht, was er wiederum als Kurve deutet, der Sachse hinwiederum die Kehre als Wende definiert.

Das P gibds ni. Das Pf wird im Anlaut als F gesprochen, also Flaume statt Pflaume, Ferd statt Pferd, Feife statt Pfeife. Im Auslaut hingegen wird das Pf zu Bb, also Gobb statt Kopf, Nabb statt Napf, Dobb statt Topf oder Zobb statt Zopf. Grund für diese Unaussprechlichkeit ist eine gewisse Maulfaulheit, denn ein Pf erfordert permanentes Luftholen, aber warum schwer, wenn es auch einfach geht. Versucht der Sachse allerdings, sich besonders fein zu artikulieren, kann er sich forquatschn und er erzählt von einem Ferd, das pfaul war, oder von einem unglaublichen Pfund bei Fennischfeifer. Im Mittellaut mutiert das Pf zu Bb, die Tropfen werden zu Drobbn, der Apfel wird zum Abbl. Im Gedicht vom Bratapfel gibt es dann Zibbl, Zabbl, Gibbl, Gabbl und den gelbroten Bratabbl.

Das Q gibds ni und auch nich, es wird ersetzt durch Guh oder Gw oder Gv, wir reden also nicht von einem Quakfrosch, sondern einem Gwaorgfrousch.

Das R gibt es, es rutscht aber immer dann die Zunge runter, wenn ein Konsonant folgt: ein Kerl kann so ganz schnell zum Ga:l werden oder ein guter Korn zum Go:n. Das R ist nur noch leicht hörbar, es klingt tiefsitzend und kehlig, deshalb der »:« Die Endungen -er und -ert sind manchmal kaum noch hörbar. Wenn eine Kristallkugel blinkert, heißt es: Dä Grisdallguchl blinggo:t.

Das S bleibt S, wobei in einigen Gegenden das Sp zu Schb wird, der Kasper zum Gaschbor oder St wird zu Schd, ein Kasten zum Kaschdn.

Das T gibt's meistens ooch ni. Es kommt zur Verwirrung, zur doppelten Bedeutung, dem provozierten Missverständnis. So wird beim Sächseln aus der Treue plötzlich eine Zahl, dä Dreie oder aus einem kippeligen Tisch wird ägibbdisch, was auch als ägyptisch übersetzt werden kann. Wer in Sachsen taucht, der didschd dief nein. Ein Taxi wandelt sich zur Daggse, aus Türen werden Diern. Ein sächsisches Rätsel: Was ist der Unterschied zwischen den Twin-Towers und einer Bockwurst? Die Twin-Towers hatten zwee Därme. Dabei ist es so einfach. Der Deutsche sagt: Tante Tina trocknete der kleinen traurigen Susanne die Tränen. Aber was sagt der Sachse? Dä dleene Heulsuse hört ni off zu fähnsn.

Das U wird zu Uo oder O oder Oh, ü wird ersetzt durch i

oder ie, der Bürokrat also zum Bierougrahd. Der Sachse fragt seine deutsche Freundin sitzend auf einer Bank: Woll morr gissn? Er wundert sich, denn sie steht auf und holt Kissen, dabei wollte er sie nur küssen. (siehe auch I)

Das V gibds ni, das W is ä W, aber auch B. X wird gesprochen, je nachdem, ob der Sachse es braucht, das Y wird durch i ersetzt und das Z am Ende meistens durch ds ersetzt, Rotz wird Rods. Am Wortanfang bleibt es erhalten.

Neben dem Alphabet verfügt der Sachse noch über ein eigenständiges Vokabular, Wörter, die nur der Sachse verwendet, die er sogar erfand, um sich zu verstehen. Er nutzt seinen Geist, um geistreich überallhin zu wirken. Buchhandlungen stehen inzwischen voller sächsischer Wörterbücher. In der DDR gab es ein verbindliches »Kleines sächsisches Wörterbuch« von Gunter Bergmann, das im Laufe der Jahre im Reclam-Verlag und im Bibliographischen Institut immer wieder neu aufgelegt wurde und auf den Sammlungen zum Wörterbuch der obersächsischen Mundarten beruhte, das als großes Forschungsprojekt bei der Sächsischen Akademie der Wissenschaften zu Leipzig in den Jahren 1955 bis 2003 erarbeitet wurde und in vier Bänden vorliegt. Das Jahr 1926 muss jedoch als eigentlicher Beginn eines sächsischen Dialektwörterbuches genannt werden. Allerdings verbrannte das gesamte Material 1943 im Keller der Leipziger Universität bei einem Bombenangriff.

Der Leipziger Kabarettist Bernd-Lutz Lange lieferte 1991 ein ultimativ-sächsisches Worterklärungsbuch mit dem Titel »Machense geene Fissemaddenzschn!«, Mitte der 1990er-Jahre gab Langenscheidt »Lilliput Sächsisch« heraus, ein handhabbares Wörterbuch. 2007 kam der »Gogelmosch – das Wörterbuch der Sachsen« heraus, inzwischen in drei Bänden. Danach erschien ein Wörterbuch nach dem anderen auf dem deutschen Buchmarkt. 2012 waren es zehn verschiedene mehr oder weniger fundierte Vokabelwerke. Wer mehr von den sächsischen Mundartregionen wissen möchte, dem sei das »Oberlausitzer Wörterbuch« von Hans Klecker oder das »Große Wörterbuch der Erzgebirgischen Mundart« von Hendrik Heidler empfohlen.

Als sich die Technische Universität 2010 in einer Ringvorlesung mit dem sächsischen Dialekt befasste, strömten Tausende Studenten zu den Vorlesungen und der Erfolg wurde auf der Titelseite dem TU-Homepage stolz verkündet. Germanist Karlheinz Jakob, der als Professor die Reihe organisierte, sagte dazu: »Sonst stehen auf der ersten Universitätsinternetseite nur Meldungen, die kurz davor sind, für den Nobelpreis nominiert zu werden.« Der Dialekt lebt, der Sachse erfindet ihn täglich immer wieder neu. Genau wie sich selbst. Er ist eben fischelant.

Der fischelante Sachse

Vielleicht scheitern Dollar und Euro, weil eine neue Währung unbezahlbar wird: Zeit. Wer sie hat, ist reich. Zeit ist kostbar. Und deshalb benötigt sie eine Fassung, die sich ihrer würdig erweist. Daran glaubten die Sachsen schon immer, deshalb stellen sie kostbare Uhren her. Glashütte tickt richtig. Und es ist typisch für den Sachsen: Er ist der geborene Feinmechaniker, Bastler, Tüftler.

Was der Sachse anfasst, das tut er gründlich. Wie die Japaner, so sagen die einen. Wie die Chinesen, sagen andere. Der Sachse selbst mag derlei Vergleiche nicht leiden, denn er ist unvergleichlich. Unvergleichlich stolz auf seine Geschicklichkeit, seine Neugier und seinen Fleiß. Aber er geht damit niemandem auf den Geist. Seine Neugier endet, wo der Sachse weiß, was wie vor sich geht. Die Idee ist das Ziel. Und der Stolz rührt aus dem Bewusstsein, der Erfinder zu sein. Er macht aus wenig viel, er nutzt, was ihm am besten nützt, was unnütz erscheint, das lässt er besser. Das alles zusammen ist das Prinzip der Fischelanz. Diese Vokabel findet sich in keinem Wörterbuch, außer einem sächsischen. Fischelanz kommt aus dem Lateinischen und heißt wachsam. Aber wenn man dem Volk historisch aufs Maul schaut, so lehnt sich der Begriff wörtlich ans Fliegen oder die Flügel an, und es wurde daraus vigilant. Wer fliegen kann, der muss geschickt sein, gewandt, aufmerksam, schlau, findig. In diesem einen Wort steckt der Erfindungsreichtum eines ganzen Volkes.

Doch hier erfand man nicht die Eisbombe, sondern den Christstollen, nicht das Holzschnitzen, sondern die Schnell-presse und die Turbine, nicht den Elektroschocker, sondern die Elektrolyse, das erste Pilsener, den Nullen-Zirkel und Schuhcreme in Tuben. Hier erfand man nicht das Fallbeil, sondern das europäische Porzellan. 1708 brannte der findige und reichlich großspurige Apothekergeselle Johann Friedrich Böttger gemeinsam mit dem Gelehrten Ehrenfried Walter von Tschirnhaus in den Kasematten unterhalb der Brühl-schen Terrasse in Dresden den ersten weißen Scherben. Sie sollten im Auftrag Augusts des Starken Gold herstellen und erfanden das weiße Gold.

Warum? Weil ein König eine Vision hatte, weil ein ver-rückter Erfinder experimentierte, weil ein Wissenschaftler die Zutaten gab und weil Bergleute Ahnung hatten, wo man die Rohstoffe finden könnte. Eine perfekte Mischung aus Verrücktheit, wissenschaftlicher Neugier und solidem Hand-werk brachte die Erfindung hervor. Und vor allem blieb sie nicht in einem Labor liegen, sondern sofort ließ August eine Manufaktur bauen, auf der Albrechtsburg in Meißen.

Eines zog das andere nach sich. Es entstand ein Potpourri von Handwerk und Industrie. So nannte es der Schriftsteller Thomas Brussig. Was schreibt der Berliner noch? Während in Preußen der Stechschritt erfunden wurde, gediehen un-ter den Sachsenkönigen Goldschmiede und Juweliere, Tuch-macher und Schneider, Bäcker und Konditoren, Architekten und Baumeister. Es gab die Tradition ebenso wie das Tüfteln, das Erneuern und Erfinden. Es gab die ganz großen und die ganz kleinen Maschinen. Alles war irgendwie in der Nähe. Und auf den Festen, den Familienfeiern und in den Kneipen traf man sich: der Feinmechaniker mit dem Muskelprotz, der

Traditionshandwerker mit dem Innovationsbewussten. Syn-
ergien gab es in Sachsen schon lange, bevor überhaupt das
Wort existierte.

Wo produzierten Ende des 18. Jahrhunderts die meisten
Manufakturen in Deutschland? In Sachsen. Wo in Deutsch-
land begann im 19. Jahrhundert die industrielle Revolution?
Klar, in Sachsen. Wo befand sich zu Beginn des 20. Jahr-
hunderts das größte zusammenhängende Industriegebiet in
Deutschland? Welches der neuen Bundesländer wurde zu
Beginn des 21. Jahrhunderts das wirtschaftlich stärkste? Die
Antwort kennt allein der Sachse. Doch er trauert dem Fakt
nach, dass nach 1945 nicht die Westmächte das industrielle
Herz Deutschlands besetzten, sondern die Russen.

Wer weiß, dass in Sachsen zwei Drittel aller Beschäftigten
in Industrie und Handwerk ihre Arbeit fanden, mehr als in jedem anderen Gebiet Deutschlands? Mehr als im Ruhrgebiet,
mehr als in Berlin. Wer weiß schon noch, dass das Rheinland
und Westfalen vor 1945 nur 25 Prozent der deutschen Pro-
duktionskraft stellten?[15] In Sachsen gab es den Maschinen-
bau, die Chemie- und Textilindustrie, den Fahrzeugbau. Es
gab eine entwickelte Handwerkskultur, die teilweise bis heute funktioniert. Musikinstrumente, Optik, Porzellan. Sachsen bauten Werkzeugmaschinen, weil sie Werkzeuge brauchten, zum Beispiel für die Textilindustrie. Denn in Sachsen
erfand man keine Panzer, sondern Feinstrumpfhosen. Ende
des 19. Jahrhunderts kamen 90 Prozent aller Strümpfe dieser
Welt aus Sachsen, genauer aus Chemnitz und Umgebung.

Die Feinstrumpfwirker aus dem Erzgebirge haben das Bild
der Sachsen geformt: Der Sachse ist fleißig und bescheiden, ja
ein wenig geizig. Er war arm, er musste sich kümmern. Denn
nachdem der Bergbau nichts mehr abwarf, suchte er neue
Arbeit. In Johanngeorgenstadt entstand so Ende des 19. Jahrhunderts beispielsweise das deutsche Zentrum der Leder-

handschuhmacher. Heimarbeit gehörte dazu. Ein mühsames Geschäft. In der DDR produzierten Tausende Menschen eine elegante zweite Haut. Heute gibt es nur noch eine Schauwerkstatt und einen jungen Handschuhmacher in Stützengrün. Rico Wappler lernte als einer der Letzten in Deutschland Handschuhmacher, denn sie werden nicht mehr ausgebildet. Der Beruf ist ausgestorben. Er nähte erst 40 Handschuhe im Jahr, seit 2010 sind es 2000 pro Jahr. Feinstes Leder für feine Leute, die bei ihm beispielsweise Autofahrerhandschuhe bestellen, das Leder in der Farbe des Sitzes, die Steppnaht in der Farbe des Lenkers. Nichts ist unmöglich.

Eine Geschichte sagt mehr als alle Theorie. Sie spielt in jenen glücklichen Zeiten, da Textilhändler zweimal im Jahr nach Sachsen reisten, um hier einzukaufen. Eine Gruppe der Händler klapperte damals die bescheidenen Dörfer rund um Chemnitz ab. Eines Tages fiel ihnen ein Prachtbau auf, den es ein Jahr zuvor noch nicht gegeben hatte. Sie fragten den alten Lieferanten danach. Der stellte den neuen Konkurrenten vor, ja, der sei neu, aber nicht aus Sachsen. Der Sachse erklärte, was der andere produziert, er pries den Neubau. Die Herren sollten ihn sich genau ansehen. Die Zimmer der Direktoren seien getäfelt, der Eingangsbereich mit Marmor ausgelegt, für die Belegschaft gebe es sogar ein Schwimmbad. Die Herren sollten sich das auf jeden Fall alles genau anschauen. Die Herren staunten, wie der Sachse den neuen Konkurrenten pries, und gingen hinüber, um sich alles anzuschauen. Da sagte der Sachse zum Abschied: »Und denken Sie daran, meine Herren: Der Neue hat das alles teuer bezahlt, mit viel, viel Geld, das er von Ihnen wiederhaben will.«

Ja, das gehört zur Geschichte des fischelanten Sachsen. Er musste sich immer kümmern, stieg auf und fiel, manchmal, weil er es sich selbst schwer machte, oft weil es ihm andere schwer machten. Hier erfand man nicht das Dynamit, sondern Melitta Bentz 1908 den Kaffeefilter. Groß wurde Melitta allerdings damit in Minden. Die lahmen Dresdener Stadtverwalter wollten die Produktion nicht weiter ausweiten und boten Melitta kein größeres Fabrikgelände an. Kleingeist regiert gelegentlich noch heute hinter den Rathausmauern.

Hier erfand man keine Flugzeugträger, sondern Mundwasser. Die Sachsen schenkten den Deutschen Odol und Zahnpastamarken wie Chlorodont, Blendax und Biox-Ultra. Doch selbst produziert man sie nicht mehr. Der Odol-Erfinder Karl August Lingner arbeitete übrigens zunächst mehr schlecht als recht als Außendienstmitarbeiter einer Nähmaschinenfabrik, der Chef schmiss ihn wegen angeblicher Faulheit raus. Lingner begann Lineale und Rückenkratzer zu produzieren. Offensichtlich wollte sich keiner den Rücken kratzen, der Jungunternehmer schlidderte in die Pleite. Dann brachte ihm ein befreundeter Chemiker die Rezeptur eines Antiseptikums, der Pleitier griff zu, kombinierte die jeweils ersten zwei Buchstaben des griechischen Wortes odous, Zahn, sowie des lateinischen Wortes oleum, Öl. Odol war geboren. Das war 1892. Diesmal überließ er nichts dem Zufall, schickte hübsche junge Frauen in Drogerien, sie verlangten Odol und schufen so Bedarf. Das Mundwasser verkaufte sich immer besser. Nach wenigen Jahren ging Lingner zu seinem ehemaligen Nähmaschinenchef und kaufte ihm seine Villa ab. Später erwarb er das Schloss am Elbhang, das Haus des Barons von Stockhausen, Kammerherr von Prinz Albrecht, das heutige Lingnerschloss.

Nach 1945 sicherte sich ein Düsseldorfer Unternehmer die Odol-Marke, allerdings wurde es zugleich im VEB Elbechemie in der DDR hergestellt. Nach 1990 ging die Produktion nach Herrenberg in Baden-Württemberg, das Unternehmen gehört dem englischen Pharmakonzern GlaxoSmithKline, den die Sachsen SaxoSchmidtKlein nennen. 70 Prozent des deutschen Marktes an Mundwasser bediente im Jahr 2011 Odol.

In der DDR war das Lingnerschloss übrigens Sitz eines Klubs: Klub der Intelligenz. Ja, das gab es in Sachsen im Arbeiter-und-Bauern-Staat. Das Schloss verfiel allerdings zunehmend. Für die Sanierung und Rekonstruktion engagierte sich in den 2000er-Jahren ein Verein, geleitet von Unternehmern. Der eine, Peter Lenk, entwickelte nach 1990 die Ardenne-Anlagentechnik zu einer weltweit erfolgreich arbeitenden Firma. Der andere, Eberhard Reißmann, kaufte 1990 aus dem Kombinat Robotron einen Betriebsteil, baute mit elf Mitarbeitern die Xenon Automatisierungtechnik GmbH auf. 2010 übergab er das Unternehmen an seinen Sohn. Der beschäftigte 2011 insgesamt 150 Mitarbeiter, macht 15,6 Millionen Umsatz, 25 Prozent mit Export. Krisen kommen und gehen, der fischelante Sachse bleibt. Aber immer muss er sich neu erfinden. Er begreift den Rückschlag als Vorschlag.

Noch ein Beispiel? 1862 gründete Joseph Michael von Hoffmann-Valbelle, alias Huppmann, in Dresden die Compagnie Laferme als Zweigwerk seines St. Petersburger Zigaretten-Unternehmens. So begann die Zigarette von Sachsen aus ihren europäischen Siegeszug als Massendroge des 20. Jahrhunderts. Valbelle ging nach Dresden, weil es hier einen Bahnanschluss und einen Schiffsweg gab, um den Tabak her- und die Zigaretten wegzubringen, weil das feuchtwarme Klima des Elbtals dem Tabak bekam, weil billige Arbeitskräfte zur Verfügung standen und die Tabaksteuer vergleichsweise niedrig war. Im Hinterzimmer eines Dresdener Hauses ließ er einen erfahrenen Russen und zwei Tabakdreherinnen arbeiten, zog jedoch schon ein Jahr später in die Nähe des Hauptbahnhofes und stellte von Handarbeit auf Maschinenproduktion um. Sein Erfolg sprach sich rum. Fünf Jahre später gab es bereits über 20 Zigarettenfirmen in Dresden, 1900 waren es 43 und um 1925 insgesamt 141 Fabriken. 50 Prozent aller deutschen Zigaretten kamen aus Sachsen, fast 25 Prozent der Dresdener Bevölkerung arbeiteten in der oder für die Tabakbranche. Glühende Landschaften. Irgendwann entwickelten die Amerikaner die Zigarettenmaschine, da gingen viele der Dresdener Zigarettenfabriken ein. Was taten die Sachsen? Sie verlegten sich darauf, Zigarettenmaschinen zu bauen. Nachdem die EU das Rauchen aus Gaststätten verbannt hatte, erfanden findige Raucher die Elektrozigarette. Wo wird die in Deutschland hergestellt? Sie ahnen es: in Sachsen.

Der Sachse ist der König der Kleinindustrie. Hier befand sich nie das Zentrum der Stahlindustrie, sondern das der Kameraproduktion. Die Sachsen ersannen 1936 die Kleinbild-Spiegelreflexkamera: Kine Exakta. Damit brach eine neue Ära des Fotografierens an, und zu Zeiten der DDR kamen begehrte Fotoapparate wie die Praktica aus Dresden. Schon vorher wurden in der Stadt reichlich optische Instrumente und Kameras hergestellt. Ein Unternehmer, der 1876 aus dem Eichsfeld kam, investierte in die Foto- und Kinotechnische Industrie: Heinrich Ernemann. Er starb 1928. Seine einstige Fabrik steht noch heute. Sechs verschiedene Firmennamen finden sich an den Mauern, von der Ernemann AG über Zeiss Ikon bis zum VEB Pentacon. 60 Jahre lang gehörte Dresden zum Zentrum der Kameraindustrie. Weltweit. Das volkseigene Unternehmen war der Stolz der Dresdener Feinmechaniker, rund 8,5 Millionen Spiegelreflexkameras in 110 verschiedenen Modellen wurden hier hergestellt. Nach dem Fall der Mauer ging die Belichtungszeit der Dresdener Kameraindustrie bis auf ein paar wenige Überlebende gegen null, die Konkurrenz aus Japan war zu übermächtig geworden, und die westdeutschen Firmen, außer Leica, hatten längst aufgegeben. So schloss sich der Fokus. Im Ernemannbau kann der Besucher heute noch einen Hauch des alten sächsischen Erfinderstolzes spüren, den die Tausenden Mitarbeiter der Kamerawerke nach wie vor in sich tragen. Sie zeigen ihre Geschichte in den Technischen Sammlungen. Heute verdienen Japaner mit Kameras das große Geld. Doch wer hat's erfunden? Der Sachse.

Noch mehr sächsische Erfindungen? Hier erfand man keine Kanonenkugeln, sondern Büstenhalter, keine Panzer, sondern die Dampflokomotive, Milchschokolade, Nähmaschine, Thermoskanne, Kondensmilch, Bierdeckel, Liebesperlen, die Reiseschreibmaschine, das Tonband, den Teebeutel. Alles extrem praktisch. Sich die Qual des Alltags zu erleichtern, war immer das Ziel des fischelanten Sachsen.

Der Sachse erklärt auch gern, was er erfunden hat und was nie das Licht der sächsischen Welt erblickte: So ist das meistgebaute Auto der Fahrzeuggeschichte, der VW Golf, eigentlich als Trabi-Nachfolger schon in den späten Sechzigern in Zwickau entwickelt worden. Doch die Berliner Politbürokraten entschieden: »So etwas brauchen unsere Menschen nicht« und verscherbelten die Blaupausen nach Wolfsburg. Der Trabant steht symbolisch für den Verfall sächsischer Industrietradition. Am Anfang passte alles, er war schick, er fuhr gut, er bot jenen Kleinwagenluxus, den die Zeit kannte. Doch in der DDR versank die Kraft der Innovation, minimal das, was tatsächlich in der Produktion ankam. Der Trabi holperte irgendwann sämtlichen Trends hinterher. Der Sachse verzweifelte. Nach der Wende kam das Ende, heute schrauben Sachsen in Zwickau VWs zusammen. Sie sind dankbar dafür, aber jeder weiß, dass Ingolstadt und Wolfsburg Kuhdörfer waren, als in Sachsen der erste Kleinwagen konstruiert wurde.

Das erste deutsche Düsenverkehrsflugzeug kam 1958 aus der Werft in Dresden-Klotzsche. Es stürzte ab, der DDR-Flugzeugbau nahm ein jähes Ende, die Sowjets übernahmen die Pläne. Der erste FCKW-freie Kühlschrank kam 1993 aus

Niederschmiedeberg von der FORON Hausgeräte GmbH. Deutsche Hersteller liefen Sturm dagegen, aber das Prinzip setzte sich durch, Produzenten in Europa, Asien und Australien übernahmen die Technik, FORON jedoch ging unter. Sie konnten sich gegen die Marketingübermacht der großen Hersteller als grüner Revoluzzer nicht durchsetzen. 1996 meldeten sie Konkurs an, die Rechte an der Erfindung kaufte ein Italiener.

Der fischelante Sachse erfand immer etwas, auch zu Hause. Sein Bastelgenie ist legendär und gab ihm die Kraft, sich in der DDR durchzuwurschdln. Nicht nur, dass sich das Tauschgeschäft wieder etablierte, nein, der Sachse baute sich, was er im sozialistischen Handel nicht bekam. Vitamin B hieß die Beziehungskiste, aus der sich jeder nahm, was er dringend brauchte. Der Fleischer gab seine Wurst dafür, dass er beim Arzt seines Vertrauens gut behandelt wurde. Der Kfz-Schlosser gab einen Vergaser für Fliesen, der Dachdecker Schindeln für einen Hotelplatz an der Ostsee. »Mir ham nischt«, sagte der Sachse auch, wenn er aus Ungarn oder der ČSSR zurückkam. Dem Zöllner wurden als Beweis ein paar süße Milchtuben, eine Pappschachtel mit Karlsbader Schnitten und eine Packung Pedro-Kaugummis hingehalten. Zu mehr reichte es angeblich nicht. Kaum zu Hause packten die Sachsen ihre Beute aus: Jeans, Sportklamotten, Fallbleistifte, ungarische Salami, Ölsardinen, Schallplatten von den liebsten Westbands, Jawa- und Škoda-Ersatzteile und böhmisches Kristall. Noch heute erinnert sich der Sachse gern daran und sagt: »Mir ham ooch gar nischt gehabd, damals beim Ärisch.«

Wenn nichts funktionierte, die Mauschelei florierte immer. Wer in diesem Zusammenhang allerdings von Betrug redet, hat das Prinzip nicht verstanden. Denn Mauscheln ist in Sachsen nichts weiter als der notwendige Schattenhaushalt der alltäglichen Volkswirtschaft. Der Sachse bewies bei der Beschaffung notwendiger Dinge seinen Einfallsreichtum. Weil beispielsweise eine Familie in Zwickau 1982 nicht rechtzeitig vor dem Winter einen Ofen in die Altbauwohnung bekam, griff sie zu ungewöhnlichen Mitteln. Sie planten, was heute Privatsender als Serienshow abliefern: Frauentausch. Denn die Nachbarfamilie besaß eine Bestellung, die für den Ofenbau notwendig war, aber sie benötigten gar keinen Ofen. Also kam es zu einer vorgetäuschten Scheidung, der Nachbar ging mit neuer Frau zur Behörde und bekam den Zuschlag, der Ofen wurde rechtzeitig vor dem Winter gesetzt.

Eines Sommers Ende der 1970er-Jahre fuhr eine sächsische Familie nach Seifhennersdorf in den Urlaub. Als sie Hunger bekamen, gingen sie zu einem Imbiss und sahen, wie erfindungsreich auch sächsische Kioskbesitzer waren. In einer alten Waschmaschine der Bauart WM 66 wärmte der Wirt Bockwürste. Andere nahmen übrigens dieselbe Maschine, um sich Wasser in der Küche zu erhitzen, damit sie duschen konnten. Es wurde auch mit Holzlöffeln gestrickt, weil es keine Sticknadeln gab, und aus einem alten Elektromotor und einem ausgedienten Kinderwagen ein Rasenmäher gebaut. Die TV-Sendung »Außenseiter-Spitzenreiter« zeigt seit 1972 die Erfindungen und Rekorde des Alltags. Und wer erfand die Sendung? Natürlich, ein Sachse. Hans-Joachim Wolfram, 1934 in Dresden geboren.

Das Fernsehen forderte den Erfindergeist des Sachsen besonders heraus. Denn er sah zwar gern »Außenseiter-Spitzenreiter«, noch viel lieber aber sah er in die Ferne: Westfernsehen. Jeder kennt dazu eine Geschichte. Michael Münch zum Beispiel, heute Professor an der Kunsthochschule in Dresden, sollte in den 1970er-Jahren in Karl-Marx-Stadt als Teenager Wochen nach Weihnachten endlich seine Eisenbahnplatte aus dem Wohnzimmer wegräumen. Der Vater forderte ihn täglich dazu auf. Eines Tages raffte sich Micha endlich auf, seine Platte wegzuräumen, aber bevor sie auf dem Boden verschwand, hatte er noch eine Idee. Er schloss das Antennenkabel an die Schienen an. War das Westbild mit normaler Antenne vorher einigermaßen unscharf gewesen, hatte der Schienenkreis offensichtlich die richtige Größe für einen kontrastreichen Fernsehgenuss. Münch erzählt, dass sein Vater ihn nie wieder ermahnte, die Eisenbahnplatte wegzuräumen.

In Dresden war es mit dem Westempfang wesentlich schwieriger, wenn nicht gar unmöglich. Was machte der Sachse? Er half sich selbst. Eine Geschichte? Ja! Sie hat sich genauso zugetragen: An einem Vormittag im Herbst 1987 tritt ein zwei Meter großer Mann aus der Kellertür seines Hauses am Stadtrand von Dresden. Es ist nebelig und feucht an diesem Vormittag im Stadtteil Leubnitz. Der Mann atmet tief durch, läuft in den Garten, dreht sich um und blickt nach oben. Über ihm sitzt sein Sohn auf dem Dachfirst des Hauses. Fritz Bierlich denkt daran, was er dem Jungen gestern gesagt hat: »Morschn gehst dä hoch.«

Jetzt sieht er, wie des Jungen rechte Hand eine Stange, die in den Himmel ragt, umklammert, sieht, wie er mit links eine Halterung lockert. Im Parterre öffnet sich ein Fenster. Die Mutter des Jungen guckt heraus und ruft: »Is er endlich hoch gegang?« Fritz Bierlich nickt. Jetzt ruft er dem Jungen zu: »Gudd jetze, das reicht, gudd jetze!« Die Mutter sieht noch immer aus dem Fenster, fragt ihren Mann: »Was is denn nuh? Is er endlich färdsch?« – »Jetzt wart doch ma ab«, sagt Fritz Bierlich und blickt nach oben. Der Junge steckt einen Schraubenschlüssel in seine Hosentasche. Jetzt steht er auf, steht da oben auf dem Dachfirst wie ein Mondsüchtiger, der das Licht sucht. Plötzlich dreht er an etwas herum, das rund aussieht wie der Mond, leicht gebogen wie eine Schüssel oder wie ein riesiger Suppenteller. Aber hier geht es nicht um Suppe. »Wir wollen über den Tellerrand gucken, weil wir hinter dem Mond leben«, sagt Fritz Bierlich leise vor sich hin.

Plötzlich schreit er hoch in den Himmel: »Mehr links.« Sein Sohn dreht die Schüssel: »Sooo?« Der Vater ruft zur Mutter: »Guck ma, ob dä was siehst.« Sie rennt vom Fenster weg in die Mitte des Zimmers. Dort steht ein Fernseher und rauscht, als würde eine Sendung über den letzten Ostseesturm laufen. Auf dem Bildschirm schwarz-weißer Grieselregen. Plötzlich Worte: »Guten Tag, meine sehr verehrten Damen und Herren, hier ist die ...« Ein Schatten wackelt hinter dem Griesel. Die Mutter rennt zurück zum Fenster, ruft in den Garten: »Ich seh was!« Fritz Bierlich ruft seinem Sohn auf dem Dach zu: »Sie sieht was!« Der Junge ruft: »Was dänne?« Der Mann: »Was siehst du dänn?« Die Frau sagt nichts, läuft wieder zum Fernseher, kommt zurück ans Fenster: »Jetze is es weg.«

Fritz ruft: »Es is weg. Dreh mehr nach rechts, Dschunge.« »Was?« – »Mehr nach rechts!« – »Rechts?« – »Ja!« Der Junge dreht, der Vater fragt: »Siehst Du was?« Die Mutter läuft wieder zum Fernseher, kommt wieder zurück: »Da is was!« Dann läuft der Mann aus dem Garten in den Keller, hoch in die Stube, stellt sich neben seine Frau vor den Fernseher und sieht etwas. Ein Nachrichtensprecher wackelt im Griesel und hinter ihm das Logo: ARD plus. »Mir hamms geschafft«, sagt Fritz Bierlich. Wochen zuvor hat er gehört, dass ein Satellit aus dem Westen in den Orbit geschossen wurde, dass von dort Signale der ARD gesendet werden. Ein Zeichen des Himmels. Denn alles, was die Nachbarn bisher unternahmen, um am Stadtrand von Dresden die Tageschau, Dallas, Gerhard Löwenthal oder Rudi Carrell sehen zu können, ging schief. Alles. Jetzt hatten sie die Schüssel zum Glück. Das war 1987.

Wie Nebelstangen ragten jahrelang in Sachsen Antennen in die Höhe. Ochsenköpfe wuchsen wie Stabreusen aus den

Häusern, einem 20-Ender gleich. Mit Yagi-Antennen jagten Sachsen Wellen vom Gipfel Ochsenkopf aus dem Fichtelgebirge in Bayern. Von dort her sendete der Bayerische Rundfunk ARD-Signale. Der Dresdener Fritz Bierlich baute seinen Ochsenkopf Anfang 1987 freiwillig ab. Er wusste, es würde anders funktionieren. Irgendeiner baute sie bestimmt. Irgendeiner baute immer etwas. Und tatsächlich, nur drei Kilometer von Leubnitz entfernt, presste und klebte einer aus Polyamid und Alkydharz flache, dem Mond ähnliche Spiegel, um die Signale des Satelliten empfangen zu können. Die Technik für den Empfang kam, ein Paket nach dem anderen, von der Westverwandtschaft. Und jetzt funktionierte es.

Ein Jahr später zog an einem Sonnabendvormittag eine Kolonne von Nachbarn übers Feld hinter den Leubnitzer Zäunen. Die Männer begannen die Erde aufzugraben, als würden sie einen endlosen Schützengraben ausheben wollen. In der Garage von Fritz Bierlich standen Holzrollen bereit, auf denen Kabel aufgewickelt waren, die sich bald durch die 29 Kilometer langen Gräben schlängeln sollten. Die Leubnitzer bauten eine zentrale Sendeanlage mit einer großen Satellitenschüssel, besorgt aus einem Rundfunkwerk in Radeberg, das Empfangsschüsseln für die NVA baute. 1988 war das. Mitten im Sozialismus bauten Sachsen eine Sendeanlage, um Westfernsehen zu gucken? Das kann nur ein Märchen sein. Ist es nicht. Denn Fritz Bierlich holte sich bei der SED-Bezirksleitung eine Genehmigung. Er erklärte ihnen, der allseits gebildete Mensch benötige ordentliches Fernsehen. Und da nicht mal das DDR-Fernsehen richtig zu empfangen war, genehmigten die ahnungslosen Genossen die Sendeanlage, die zugleich Satellitensignale des ARD-Programms empfing. Ein halbes Jahr nach der Einweihung der Sendeanlage fiel die Mauer. Die Sachsen empfingen viel eher als ihre lieben Brüder und Schwestern in Deutschland das Privatfernsehen.

Sie hatten ja bereits Satellitenschüsseln. Der Erfolg von RTL wäre ohne die Sachsen nie so durchschlagend gewesen.

Nach 1990 musste sich der Sachse wieder kümmern, denn das, was er in der DDR aufgebaut hatte, stand erneut infrage. Die Treuhand organisierte den Kehraus. Nicht nur, dass die Handschuhfertigung, die Kameraindustrie oder die Kühlschrankproduktion zu Grabe getragen wurden, nein, auch in Sebnitz zum Beispiel, wo die Kunstblumenindustrie blühte, zu DDR-Zeiten Hunderte, vor allem Frauen, arbeiteten, ging alles ein. Heute blüht nur ein letzter Strauß in einer Schauwerkstatt. Ein kleiner Betrieb der Branche existiert noch in Wallroda bei Radeberg, wo Kunstblumen die Manufaktur verlassen, die die britische Königsfamilie trägt. In Neustadt in Sachsen, in Singwitz, Torgau, Döbeln oder Bischofswerda blieb nicht mal eine Schauwerkstatt vom Kombinat Fortschritt, wo Tausende Sachsen Mähdrescher oder Traktoren hergestellt hatten. Es schien, als würde das Ende der sächsischen Industriegeschichte eingeläutet.

Doch was tat der fischelante Sachse? Ja, er verzweifelte, ja, er wurde wütend, ja, er konnte nicht fassen, dass alles schlecht gewesen sein sollte, was er in 40 Jahren geschaffen hatte. Er ging wieder an der Start. Mit seiner Tradition, mit seiner Erfahrung und mit neuen Hoffnungen. Glashütte ist ein Beispiel dafür. Ehemalige Betriebsleiter kauften ehemalige volkseigene Betriebe, von Fortschritt beispielsweise existiert heute noch ein Unternehmen in Stolpen, das Strohpressen herstellt und weltweit exportiert. In Neukirch standen zwei Mitarbeiter eines Blechschneidezentrums, das geschlossen werden sollte, vor einer Entscheidung, arbeitslos oder selbstständig zu werden. Sie nahmen Kredite auf ihre Einfamilienhäuser auf, kauften das, was von dem Betrieb übrig war, und gründeten eine eigene Firma, der sie ihre Nachnamen gaben: Käppler & Pausch. 2013 feierten sie ihr 20-jähriges Bestehen, sind eines der leistungsstärksten Schneidezentren Sachsens, beliefern 400 Kunden in ganz Europa.

Walter Lange glaubte daran, dass eine Uhr hilft, sich Zeit zu verschaffen. Im Sozialismus enteignet, ging er nach Pforzheim, kehrte nach dem Mauerfall zurück nach Glashütte, wo sein Großvater 160 Jahre zuvor Taschenuhren gefertigt hatte. Lange wollte das Uhr-Werk fortsetzen, das sein Großvater vor dem Ersten Weltkrieg begonnen hatte, das die Nazizeit überlebte, in der DDR in einen volkseigenen Betrieb überging und nach 1990 angeblich keine Chance mehr haben sollte. Er baute eine neue Zeitmanufaktur auf, die seit 2000 die erfolgreichste Luxusuhren-Manufaktur weltweit ist: Lange & Söhne.

Wer sie besucht, dem schlägt keine Stunde. Denn wie hier eine Armbanduhr nach und nach als Puzzle sächsischer Feinmechanik entsteht, ist zeitlos und deshalb so visionär. Die erste Kollektion kam 1994 heraus. Die »Lange 1« landete bei Händlern und Kunden mit ihrem unverwechselbaren Design eines asymmetrischen Zifferblatts und der Großdatumsanzeige einen spektakulären Erfolg. Aber als wahres Bekenntnis zur Heimat gilt die elegante »Saxonia«, jene mit Jahreskalender vereinte sächsische Handwerkskunst und Tradition. Das Zifferblatt als sichtbares Zeitzeichen einer Uhr teilt Stunden und Minuten mit präziser Klarheit ein. Der Kalender erinnert an die digitale Anzeige der Fünf-Minuten-Uhr über der Bühne der Semperoper, die der Dresdener Hof- und Kleinuhrmacher Johann Christian Friedrich Gutkaes 1838 entwickelte. So gehen die Geschichten vom fischelanten Sachsen.

Strukturwandel nennen Wirtschaftswissenschaftler, was Sachsen nach 1990 erlebten. Das klingt nett. Das war es nicht. Es war für viele die Hölle, für viele ein Absturz, für viele eine Chance, für die meisten ein Neubeginn. Sie erinnerten sich an ihre Tradition, an ihren Erfindergeist, an ihren unbändigen Fleiß, an das, was sie schon immer konnten: arbeiten. 1996 erfanden Sachsen den 3D-Bildschirm, 1999 den 300-Millimeter-Wafer, 2005 die 3D-Marskarte. Porsche, BMW, VW bauen in Sachsen Autos, Unternehmer aus der ganzen Welt investieren hier, setzen auf Schlüsseltechnologien, schätzen die Fachkräfte, die bestens ausgebildet wurden und werden. Von den 100 größten Unternehmen in den neuen Bundesländern haben 40 ihren Sitz in Sachsen, bis zum Jahr 2025 suchen 20 000 sächsische Firmen Nachfolger. Es existieren über 50 Manufakturen, die sächsische Handwerkskunst zu großer Kunst machen. Ist deshalb alles gut? Nein, aber auf einem guten Weg. Alles braucht seine Zeit. Und die nehmen sich Sachsen.

Der (un)gemütliche Sachse

Der Sachse ist so gemütlich, wie er ungemütlich werden kann. Viel gemütlicher als der Deutsche ist er zweifelsohne, gemütlicher als bayerisches Hofbräuhaus und Oktoberfest, Berliner Promi-Borchardt und Weißbieranstich zusammen. Die Bayern singen zwar »Ein Prosit, ein Prosit der Gemütlichkeit«, aber ohne zu wissen, wer das deutsche Wort Gemütlichkeit erfand. Der Sachse? Ja! Kein Scherz.

Der Begriff bedeutet ursprünglich »voller Gemüt«. Die Herrnhuter, die Brüdergemeine aus der Oberlausitz, die schon immer und noch immer zu Sachsen gehört, benutzten die Vokabel erstmals Anfang des 18. Jahrhunderts im Sinne von Herzlichkeit. Dann ging das Wort um die Welt, auf dass sie herzlicher oder wenigstens behaglicher werde. Die Engländer und Franzosen können das gut verstehen, in ihrem Vokabular verwenden sie für den Gemütszustand des Wohlbefindens und der Ruhe dasselbe Wort: Gemütlichkeit. Wie der Sachse, wie seine Fahne mit dem Grün der Beruhigung und dem Weiß der Kapitulation.

Der Sachse macht sich Gemütlichkeit und kann schon lange ein Lied davon singen. »Die gemütlichen Sachsen« waren um 1910 eine sächsische Volkssängertruppe, die auch als die Leipziger Krystallpalast-Sänger auftraten und auf ihre Weise Weisen von den schönen Seiten des Lebens sangen, von

Opernfeinden, vom Kompaniekarnickel, vom hellen Sachsen und eben vom gemietlichen Sachsen. Der hat ä Gemiet. Und weil der Sachse auch die Gemütlichkeit mit Humor nimmt, gab es in den 1920er-Jahren eine satirische Zeitschrift »Der gemütliche Sachse«.

Bayern im Vergleich zu Sachsen für gemütlich erklären können nur Amerikaner, die es in ihrem Walt-Disney-Streifen »Das Dschungelbuch« mal mit Gemütlichkeit probiert haben. Das Experiment scheiterte. Bayern seien gemütliche Deutsche, das glauben nur Japaner, weil die im Gleichschritt ins Hofbräuhaus einmarschieren, drei Lieder hören und zwei mitsingen, um dann aufzuspringen und die nächste Sehenswürdigkeit anzusteuern.[16] Sie glauben, Lederhosen, Bierkrug und stundenlanges Schunkeln seien Ausdruck des Wohlbefindens. Sie haben es nie länger mitmachen müssen. Dauerschunkeln ist hyperaktives Freizeitgemetzel, ADHS für die Spaßgesellschaft – Allgemeines-Deutsches-Hoch-Schaukeln. Im Endstadium liegen die Teilnehmer im Komazustand neben den Festzelten, um sich später an nichts zu erinnern.

Der Sachse würde das in Sachsen nie tun. Er kann abwarten, er hat keine Eile. Selbst wenn eine Attraktion aus New York oder Tokio in einem lokalen Kulturhaus gezeigt wird, dann sagt der Sachse: »Wenn das wärklich was is, wenn das wärklich was is, dann komm die ooch noch ma, da kann ich dann immer noch hingehn.« Der Gast muss etwas Ungewöhnliches tun, um den Sachsen aus der Reserve zu locken, wobei es auch hier regionale Unterschiede gibt. Der Leipziger lässt sich am schnellsten verführen, weil er Messebesucher aus dem Aus- und Deutschland gewohnt ist, der Chemnitzer geht gern mal mit, weil er gern mitgeht. Der Dresdener braucht ewig, bis seine Leidenschaft zündet, denn bei ihm waren ja schon alle oder kommen noch mal. Denkt er. Aber alle Sachsen haben eine ähnliche Rangfolge, ihre Begeisterung auszudrücken, wenn sie tatsächlich einer hinterm gemütlichen Ofen hervorlockt. Wenn der Sachse von etwas angetan ist, sagt er: Das war ni schlecht. Wenn er außer sich ist vor Freude, sagt er: Kanns dä machen. Aber wenn er stehend applaudiert, wenn er mit den Füßen trampelt, wenn er Zugaben fordert, wenn er tobt vor Entzücken, dann sagt er: Das war ma was andres.

Als ein Sachse in Rente ging, fragte ihn sein Nachbar: Und, was machs de jetze? Sagt der Neurentner: Jetze? Jetze setz isch misch erscht ma ä viertl Jahr in mei Schaukelstuhl. Fragt der Nachbar: Und dann, was machs de dann? Der Neurentner: Dann? Dann wär isch ma ä Häbbschn schaukeln. So gemütlich ist der Sachse. Zu Geburtstagen kommt die ganze Familie zusammen. Der Jubilar sieht glücklich aus. Er sitzt mit seiner lieben Frau in der Mitte, links von ihm seine Freunde, Nachbarn und Verwandten und rechts von ihm seine Kinder, die Schwiegerkinder und die Kinder der Kinder und deren Freunde. Schön, so zusammenzusitzen und zu wissen, dass es allen gut geht. Der Jubilar denkt: Wenn ein so großer Tisch so voll besetzt ist mit meinen Sachsen, denen der Kaffee und der Kuchen schmeckt, kann ich nicht alles falsch gemacht haben im Leben. Im Erzgebirge beispielsweise sagt dann einer der Gäste zu später Stunde: »War zammnammisch is, dar kimmt aa ze was.« Wer alles zusammenhält, also wer sparsam ist, der kommt auch zu was.

Doch egal, was zusammengekommen ist, am liebsten sitzen die Sachsen alle hiebsch besamm, ooch wenn se nischt ham. Oder sie stehen zusammen. Das gibt es nicht in Wien, nicht in Berlin. Das gibt es nur in Sachsen: Draußen vor der Tür der Semperoper tanzt das Volk im Januar Walzer im Schnee. Drinnen in der Oper opern derweil die Oberen rum und verschenken einen sächsischen Opernball-Orden. Nicht an Sachsen. Nein, da wird schlauer gedacht. Wer den Sachsen

Gutes tut, vorgibt zu tun oder Gutes über Sachsen verbreitet, egal, was er getan hat, der soll ihn haben. Tot oder lebendig. Das hebt das sächsische Gemüt nicht an. So darf sich Wladimir Putin genauso ausgezeichnet fühlen wie Michael Jackson. Jedm Dierchn sei Pläsierchn. Hauptsache, es stört keiner.

Die Ersterwähnung des Sprichworts mit dem Pläsier wird dem in Leipzig geborenen Schriftsteller Edwin Bormann zugeschrieben. »Ein jedes Tierchen hat sein Pläsierchen«, heißt es in seiner 1888 erschienenen Gedichtesammlung. Das Tierchen kommt aus dem Wald, das Pläsierchen aus dem Französischen.

Ooch hohe Dierchen müssen ma offs Örtchen, sie duhn nur allzu oft, als schissn se dort Dörtchen. Auch eine sächsische Redensart, einst verfasst von einem, der in der DDR Satire schrieb und am Ende seines Lebens deshalb aus der PDS flog, Gerhard Branstner. Dabei ist die Gemütlichkeit des einen immer die Gemütlichkeit des anders Denkenden, denkt sich der Sachse. Und was heißt das nun? Es heest, was es heest.

Zur sächsischen Gemütlichkeit gehört das an sich friedliche Wesen der Sachsen. Sie sind keine tapferen Kriegshelden, sie lassen keine Flagge stolz wehen. Wenn der Sachse »Krieg« sagen will, sagt er »Griesch«. Das klingt nicht kriegerisch, sondern griecherisch. Da sind die Militärhistorie und seine pazifistische Lebenshaltung in einem Wort zusammengefasst. Es lebt bis heute die Geschichte aus dem Jahr 1717. Preußens König Friedrich Wilhelm I. bekam von August dem Starken 600 sächsische Kavalleristen gegen 151 Stück Porzellan aus den Schlössern Charlottenburg und Oranienburg. Damit stand der Marktwert von Porzellan fest: Vier Mann zu Pferd sind eine Vase wert. Die andere Geschichte stammt aus dem Jahr 1870. Da griff am 18. August das XII. Sächsische Armeekorps gemeinsam mit der Preußischen Garde die

Franzosen an.[17] Einer der preußischen Offiziere ruft: »Heute, Soldaten, kommt es darauf an. Machen Sie sich bereit! Der Befehl lautet: Mann gegen Mann!« Ein Sachse geht zum Offizier und sagt: »Sachn Se ma, gönn Se mir fielleischd mei Mann forher ma zeichn, ich wärd mich gern güdlisch mit dem einschn.« Es war ein blutiges Treffen, aber ein Sieg.

Der Sachse würde seinem Charakter nicht treu bleiben, wenn in seinem friedlichen Wesen nicht zugleich das Gegenteil wohnen würde. Denn in Sachsen stand einst eine der größten Militäranlagen, erbaut ab 1873 in der Dresdener Albertstadt zur Versorgung der Soldaten. Hier herrschte Zucht und Ordnung, die Produktionsstätten wurden erbaut für das Überleben, vorzugsweise aus Backstein, Beton und Stahl. Die Werkhallen beherbergten Schmieden, Formereien, Gießereien, Stellmachereien, die das Kriegsgerät in Ordnung halten sollten. Außerdem stand auf dem Gelände der Provianthof und ab 1901 ein Kraftwerk. 1916 kam eine Munitionsfabrik hinzu.

Am Rande der Stadt war ein diszipliniertes Klein-Manchester entstanden, das sich bis 1918 vergrößerte, da bekam es den Namen Industriegelände. Denn die Deutschen samt Sachsen verloren den Ersten Weltkrieg und sollten sich demilitarisieren. In den Hallen wurde die Produktion auf ziviles Gut umgestellt, aber die Nazis erinnerten sich später daran, dass im Dresdener Norden genug Wissen und Arbeiter vorhanden waren, um wieder mit der Militärproduktion anzufangen. Und sie fingen an, stellten beispielsweise Funkgeräte, Steuerungen für Torpedos und Turbinen für U-Boote her. Wieder ein florierendes Geschäft, das nicht einmal die Alliierten 1945 bei ihrem Angriff auf die Stadt zerstörten. Während die Altstadt in Schutt und Asche versank, blieben die Produktionsstätten des Krieges unberührt. Erst in der DDR fand hier Abrüstung statt, ein volkseigener Betrieb stellte Strömungsmaschinen her. Heute herrscht hier wirklich Frieden, denn zwischen den alten Backsteinmauern wird gedacht, gezeichnet, gefeiert, es entstand ein Zentrum für Kreative, in einer der großen Kasernen, in der zu DDR-Zeiten Sowjetsoldaten residierten, arbeiten heute Redakteure des Mitteldeutschen Rundfunks, auf dem alten Militärgelände gegenüber steht jetzt das Militärhistorische Museum der Bundeswehr.

Warum diese Aufrüstung? Die sächsische Gemütlichkeit hat ihre Grenzen. Protestantisch-prüde erzogen, von sozialistischer Persönlichkeit tangiert und schnell gelernt von marktkonformen Strebern, fügt der Sachse sich so lange, bis er die Beherrschung verliert. Wenn es ihm zu blöd wird, ihn etwas stört, wenn ein Detail nicht stimmt, wenn ihm andere auf dem Gemüt rumtrampeln, der Hund im Nachbargrundstück bellt, wenn ein anderer sonntags 7.30 Uhr Rasen mäht, wenn ein Verrückter mittags in seinem Garten die Abfälle abfackelt oder einer meint, nicht der Sachse, sondern ein anderer erfand die Gaslaterne, es hätte am Ende des Zweiten Weltkrieges keine Tiefflieger gegeben und in der DDR hätten die Sachsen mit den Fingern gegessen, dann kann der Sachse schon mal ungemütlich, fuchtsch oder rubbsch werden. Dann erregt er sich so leidenschaftlich, dass man ihn kaum wieder erkennt. In der Abwehr fährt er aus der Haut. Er lässt sich nicht für dumm verkaufen, er bildet sich nichts ein, er bildet sich. Doch wenn er merkt, dass seine Bildung verkauft wird, dann steigert er seine Empörung bis zum Höhepunkt. Und das wird furchtbar.

Er selbst tut das Richtige, aber wenn andere es richtiger meinen und über ihn richten, ohne ihn zu fragen, gerät er rasch in Rahsche. Denn es gibt nichts, was richtiger ist als richtig. Die Rahsche entlehnte sich der Sachse aus dem Französischen, wo sie rage heißt. Die Lateiner sagen rabies und meinen Wut. Der Sachse bekommt auch gern einen Rabbl, was noch erträglich ist, denn es ist nur einer. Schlimmer sind mehrere Rabbl. In solchen Fällen wird er von seinem Nachbarn gefragt: »Bei dir rabblts wo – oder was?« Ein Rabbl hat nichts mit dem Schweizer Rappen zu schaffen, ist also keine Währung, sondern die sächsische Maßeinheit für Verrücktheit. Wer einen Rabbl hat, der dreht durch, den packt die Wut, der hat einen Klaps. Mehrere Rabbl sind ein Wutanfall. Im gesamtdeutschen heißt der Rabbl Rappel, der möglicherweise vom lateinischen Raptus, dem Raub, abstammt. Denn der Mensch ist, wenn es ihn rabblt, seines Verstandes beraubt. Ein Rabblkopp mag ein Verrückter sein, aber ein unschuldiger. Rabbln ist Notwehr.

So niedlich das Wort auch klingen mag, so gewaltig sollte sich kein Deutscher täuschen lassen. Schon Erich Kästner ließ verlauten: »Mir sin nich so gemütlich, wie mir sprechen, mir ham, wenns sein muss, Dinamit im Blut.« Aber nur wenn es sein muss. Der Schriftsteller und Drehbuchautor Werner Illing, 1895 in Chemnitz geboren, 1979 in Esslingen gestorben, schrieb über die Sachsen August den Starken, Nietzsche und Wagner: »Der fleißig und zufrieden arbeitende Sachse bricht plötzlich aus sich selbst aus. Wie der Kurfürst sucht er Abenteuer – es dürfen notfalls auch galante sein –, wie der Philosoph überspringt er alle Grenzen, wie der Dichter-Musiker drängt er sich in Erlösungssehnsucht dem Erhabenen und Pathetischen entgegen, beginnt, laut zu werden, Reden zu halten und sieghaft um sich zu blicken.«

Ja, auch Sachsen können wütend werden. Und wie! Und weil kein Deutscher es einem Sachsen so recht glaubt, wird er noch wütender.[18] Dann gibt es für alle einen Haufen Angemeckertes! Hier verdoppelt sich der Ärger, denn es wird nicht einfach gemeckert, sondern jemand wird direkt angemeckert. Und wenn es kommt, dann heftig, ohne Gnade und lang anhaltend. Denn in kleinen Mengen kommt Angemeckertes in Sachsen nicht vor, sondern nur als ein Haufen Angemeckertes.

Den frisst der Sachse aber oft auch einfach in sich rein und lässt etwas Unverhofftes raus. So wie Wagner, der bürgerliche Idealmoral zerstörte und dem Bürger neue Ideale schenkte, der dem Deutschen die sächsische »Götterdämmerung« zu Gehör brachte. Sachse ohne Grenzen. Wenn ein Sachse wütend wird, ist er zu allem fähig. Ein Sachse erfand in solch einem Zustand die Ansichtspostkarte, ein anderer die Mundharmonika, ein weiterer das Bandoneon. Bis heute das ultimative Begleitinstrument für den Tango, den vertikalen Ausdruck eines horizontalen Wunsches.

Ohne sächsische Erfinder könnten die Argentinier gar nicht tanzen. Denn die Melodie kommt aus einem erzgebirgischen Instrument. Es war Carl Friedrich Zimmermann, der 1830 in Carlsfeld Balginstrumente zu bauen begann. Er nannte sie Concertina. Hierbei handelte es sich um ein Handzuginstrument, das einen Tonumfang von bis zu 102 Tönen umfasste. Der Krefelder Heinrich Band kaufte die sächsische Erfindung und handelte damit. 1848 entwickelte er die Concertina weiter und gab ihr seinen Namen. Um 1900 nahmen deutsche Auswanderer das Bandoneon mit nach Argentinien. Dort wird es seitdem als beste sächsische Erfindung gepriesen.

Die Rahsche-Phase des Sachsen geht schnell vorbei, er nimmt gern mal einen Magenbitter gegen das, was ihm auf den Magen schlägt. Mit dem Likörabgang kommt der Ärger schnell zum Abklang. Am Ende heißt es tief durchatmen. Verrückt sein ist auch keine Lösung, aber es hilft ungemein. Hans Reimann sagt: »Gekränkt, beleidigt, beese zu sein, bereitet uns wahre Wonnen. Wir sind rasch wieder gut. Wenigstens scheinbar.« Nach dem Wutanfall giggort, kichert, der Sachse wieder und wundert sich über sich selbst.

Denn am liebsten bleibt er friedlich, liebt seinen Hang zur Romantik, er badet in Sentimentalität. Sein Kitsch ist der Seufzer über das schöne Gestern, seine Leidenschaft die tägliche Sehnsucht nach der Harmonie von morgen. Er hegt und pflegt seinen seelischen Überschuss aus der Melancholie des Herzbluts. Eine Mischung aus Rührseligkeit, Duldsamkeit und Unbedarftheit. Im Passiv zeigt sich die sächsische Größe, solange das große Ganze stimmt. Er lebt die Gemütlichkeit in Vereinen, beim Angeln, Kegeln, Radfahren, im Theater, im Konzert, in der Oper oder beim Wandern und Spazierengehen. Ja, an Wochenenden könnte man meinen, die Völkerwanderung hätte wieder eingesetzt. Da laufen Massen durch die Heiden, Gebirge, die Parks, an Flüssen entlang oder sie umrunden Seen. Sie gehen zu jedem Fest und feiern feste, egal ob beim Tag der Sachsen, bei Mittelalterpartys, Stadtfesten, Volkkunsttreffen oder auf Weihnachtsmärkten, von denen es in Sachsen die meisten in ganz Deutschland gibt. Und natürlich den ältesten Weihnachtsmarkt der Welt: den Dresdener Striezelmarkt. Die Bautzener behaupten, sie hätten den ältesten. Kann sein, Bautzen liegt ja auch in Sachsen.

Des Sachsen Gemütlichkeit zeigt sich zudem in seinem Benehmen. Er bleibt meistens höflich und formuliert Sätze in der Bescheidenheits-Syntax. Der Sachse fragt nicht: »Fährt dieser Zug nach Chemnitz?« Nein, der Sachse vergewissert sich devot-liebevoll, um seine Unsicherheit zu überdecken: »Se wärn entschuldschn, aber nach Chemnitz fährt dor Zuch wohl ni?« Typisch an der sächsischen Bescheidenheits-Syntax sind zwei Dinge. Erstens: Der Satz beginnt mit einer Entschuldigung. Zweitens: Der Satz beinhaltet keine direkte Frage, sondern eine Verneinung. Selbst im größten Gedränge in Einkaufsmärkten oder Fußgängerzonen, beim Spazierengehen auf dem Elberadweg oder im Clara-Zetkin-Park schlängelt er sich durch und sagt nicht: »Können Sie bitte

mal rübergehen!« Nein, der Sachse fordert seinen Vorder-
mann auf: »Se wärn entschuldschn, aber riebergehn gänsefleisch woh ni ma!« Gäste aus Deutschland wundern sich,
was es wohl mit dem Gänsefleisch auf sich haben mag. Sie
verstehen nicht, das der Sachse nur höflich fragt: Können
Sie vielleicht – gänsefleisch … Er zeigt eine Unterwürfigkeit,
die so bestimmend rüberkommt, dass jeder rübergeht. Seine eigentliche Sucht ist die nach Harmonie. Sein Miedchn
giehln, das Gemüt abkühlen, sich abreagieren, um wieder
voller Gemüt zu sein, kann der Sachse allerdings am besten
bei einem Dässl Heeßn.

Der Sachse mag zwar Bier, besonders das aus Radeberg
oder Wernesgrün, aus Reudnitz oder Görlitz, er liebt auch
Wein, besonders den eigenen aus Meißen, Pillnitz oder Radebeul, aber weder das eine noch das andere ist sein Nationalgetränk. Das ist der Kaffee. Die meisten Deutschen meinen, es gäbe einen Bierbayern, aber den gibt es nicht. Es gibt
auch keinen Schöppchenschwaben oder Grogfriesen, keinen
Schnapspreußen oder Eppelwoihessen. Der einzige, dessen
Nationalgetränk mit seinem Namen verbunden ist, das ist
der Kaffee-Sachse. Sein »Prost« heißt »Hast de bissl Milch?!«,
sein »Zum Wohl« heißt »Wo isn dor Zuggor?!«. Und wer helle ist wie der Sachse, der sieht sofort die kausale Kette: Schon
zwischen 1880 und 1900 hatten die Sachsen die niedrigste
Kriminalitätsquote in Sachen Sachbeschädigung aller deutschen Länder, weit abgeschlagen von den statistisch ergie-
bigsten Sachbeschädigern deutscher Zunge, den Bayern.[19]
Das hat sich geändert, im Vergleich der Bundesländer sind
seit 2010 die Bayern inzwischen jene mit den wenigsten Straf-
taten. Gefolgt von wem? Den Sachsen. Am kriminellsten geht
es mittlerweile in Bremen und Berlin zu.

Der Sachse genoss bereits vor über dreihundert Jahren
sein Gäffchn. Schon das Wort spricht sich gemütlich, plötz-

lich verniedlicht sich alles. Das -ch ist das Kriterium der Gemütlichkeit. Man isst zum Gäffchn ä Blätzchen. Ein echtes Märchen. Während das -chen die Mär und den Gaffee nur schöner macht, gibt es Plätzchen gleich gar nicht anders. Jedenfalls hat noch nie ein Sachse Platz gegessen. Zu Weihnachten, ja, der Sachse sagt zu, niemals an, zu Weihnachten also stehen auf den Regalen oder Fensterbrettern Kompanien von Raachermännln stramm und die Frau nennt ihren Hasen plötzlich Hasileinchen, bei dem, rein sprachlich betrachtet, eine dreifache Verniedlichungsform vorliegt. Zu den Feiertagen gibt es Kaninchen, das nur verkleinert existiert, das Kanin ist längst ausgestorben. Der Sachse liebt es definitiv diminutiv.

Das Diminutiv stellt allerdings nicht, wie Deutsche meinen, einen sächsischen Zustand geistiger Umnachtung her, sondern ist eine grammatikalische Form, die aus dem Lateinischen kommt und meint, dass etwas verkleinert wird. Der Franzose sagt, es handle sich beim Diminutiv um dix minutes und bezeichne die ersten zehn Minuten eines Lebens. Was in dieser Zeit auf die Erde kommt, ist göttlich niedlich. Da lacht keiner. Alle lächeln. Daher kommt das Anfügen der Nachsilbe -chen. Und da das Wesen klein ist, werden große Wörter mit -lein am Ende ebenfalls klein. Jedenfalls ist das im Sächsischen so.

Gesamtdeutsch führt zur Verniedlichung übrigens ebenso ein angefügtes »i«. So wird beispielsweise aus dem Dresdener Kulturpalast dor Kulti, aus super supi, aus Kurt wird Kurdi oder aus einem berühmten Fussballer ein Promi und im Speziellen aus Schweinsteiger der Schweini. Wobei jeder Sachse bei dieser idiotischen Verniedlichung sofort Beschwerde bei der europäischen Menschenrechtskommission eingereicht hätte. Der bayerische Fußballer indes empfand Schweini als Kompliment. Doch auch er erfuhr bald, dass man heute großes Schwein haben, aber morgen schon ein armes Würstchen sein kann.

Die Weihnachtszeit versetzt den Sachsen, vor allem im Erzgebirge, diminutiv nicht nur in die schönste und gemütlichste Zeit des Jahres, sondern er kann sich so zugleich Sachen klein reden. Ein Schnäpschen wirkt deutlich ungefährlicher als ein Schnaps und ein Gräppelchen fällt wesentlich weniger ins Gewicht als ein Krapfen.

Aber egal zu welcher Jahreszeit es sich der Sachse gemütlich macht, sein Gäffchn ist immer dabei. Der Kaffee-Sachse ist historisch gewachsen und von keiner Diktatur abgehitlert oder weggehoneckert worden. Beim Kaffee zeigt sich der liebenswert-umgängliche Zug der Sachsen. Außenstehenden erscheinen diese Kaffeeorgien manchmal langweilig. Sachsen finden sie aufregend. In Sachsen steht deshalb das älteste noch existierende Café, der Leipziger Kaffeebaum samt Kaffeemuseum. Außerdem erfand einst eine Dresdnerin den Kaffeefilter. Die Dame hieß Melitta Bentz, seit über hundert Jahren macht Melitta Kaffee zum Genuss.

Johann Sebastian Bach komponierte zum Kaffee die Kantate »Die Mutter liebt den Coffee-Brauch, die Großmama trank solchen auch, wer will nun auf die Töchter lästern? Die Sachsen bleiben Coffee-Schwestern.« Das war 1732 und hat sich bis heute nicht geändert. Nur die Qualität des Heißgetränks schwankte über die Jahrhunderte. In der DDR erfanden findige Getränkegenossen sogar Ersatzkaffee, den die Sachsen Muggefugg nannten, angelehnt an den französischen Mocca faux, den falschen Mokka. Der Sachse war stets abhängig vom Kaffee und ebenso von den West-Paketen, die die Verwandtschaft aus Bayern, Hessen oder Hamburg schickte, vollgepackt mit Duft von Albrecht oder Jakobs, der heute noch in Sachsen am meisten verkauft wird. Allerdings stellte sich nach 1990 heraus, dass oft der Duft stärker war als die Bohne. Nichtsdestotrotz blieb der Sachse gemütlich, Nervosität konnte sich nicht einstellen. Den guten Kaffee aus den Hamburger Speichern entdeckt er heute mehr und mehr, inzwischen existieren über zehn Kaffeeröstereien samt Spezialitätenausschank in Sachsen.

Der Bliemchengaffee indes gehört zur sächsischen Gemütlichkeit wie Don Quichotte zu Spanien. Der Kaffee war viele Jahre so dünn, dass man die Blümchen am Boden der Tasse, egal ob Meissener oder nicht, sehen konnte. Ilse Bähnert erzählt immer wieder gern, wie man dünnen Bliemchengaffee herstellt: Man nehme eine Kaffeebohne, binde sie an einen Faden und hänge sie so in die Sonne, dass der Schatten der Bohne in den Kessel mit dem kochenden Wasser fällt. Das darf jedoch nicht zu lange passieren, sonst wird der Aufguss zu stark. Vor allem aber muss man aufpassen, dass kein Schatten des Fadens ins Wasser fällt, sonst bekommt der Kaffee wie so ä bissl ä faden Beigeschmack. Ist der Himmel bedeckt, erhält man sowieso nur Schwerterkaffee, der ist so dünn, dass man die Schwerter, original Meissener, auf der Unterseite der Tasse erkennen kann. Allerdings ist der dick gegen Doppelschwerterkaffee, bei dem man die Schwerter auf der Unterseite der Untertasse und der Unterseite der Tasse sehen kann. Und nach dem Krieg, erzählt Ilse Bähnert, nach dem Krieg war ja der Kaffee so schwach, der kam gar nicht aus der Kanne raus. »Da musstn mir erschd dän Deggl offmachn und reinschrein: Dä Russn komm! Da kam er raus geschwabbd.«

Wie dünn der Kaffee auch immer sei, der Sachse braucht ihn nicht nur zum Trinken, sondern um vollkommene Gemütlichkeit herstellen zu können, und vor allem braucht er seinen Kaffee zum Didschn. In Sachsen wird alles gedidschd, eingetaucht, versenkt, getunkt, getippt, eingeweechd, neingemehrd. Alles kommt rein in den Kaffee: Semmeln, Bemm, Ränfdl, Stolln, Streißlkuchn und natürlich Leibzschor Lärchn

und Eierschegge. Im Grund gibt es nichts, was nicht gedidschd wird. Deutsche haben schon erlebt, dass in einem
Café ein Sachse an ihren Tisch kam und fragte, ob er mal
seinen Kuchen in ihren Kaffee neindidschn dürfe, denn sein
Kaffee sei schon alle. Der Sachse findet immer einen Anlass,
um Gäste in ein Gespräch zu didschn. Didschn gehört zur
sächsischen Gemütlichkeit wie Kartoffelsuppe, Sauerbraten
oder Bäffschdägg. Es ist eine Weltanschauung, die zu hefti-
gen Diskussionen Anlass gibt, denn bis heute ist nicht geklärt,
ob Stollen wirklich gedidschd werden darf und ob ein Sachse
beim Anblick des Sonnenuntergangs am Meer wirklich sagen
sollte: Nu didschd se. Didschn heißt für den Sachsen aber vor
allem, sich das Leben zu erleichtern. Er muss sich hart durch-
beißen, da hilft es, die Probleme ein wenig aufzuweichen. So
lässt sich vieles leichter schlucken und gemütlicher verdauen.
Und das nicht einmalig, sondern nachhaltig.

Das Wort »Nachhaltigkeit« erfand übrigens ein Sachse. Es
war Hans Carl von Carlowitz, sächsischer Oberberghaupt-
mann, der 1713 in seinem Werk »Sylvicultura oeconomica,
oder Haußwirthliche Nachricht und Naturmäßige Anwei-
sung zur wilden Baum-Zucht« schrieb: »Wird derhalben die
größte Kunst/Wissenschaft/Fleiß und Einrichtung hiesiger
Lande darinnen beruhen/wie eine sothane Conservation und
Anbau des Holtzes anzustellen/dass es eine continuierliche
beständige und nachhaltende Nutzung gebe/weiln es eine
unentberliche Sache ist/ohne welche das Land in seinem Esse
[im Sinne von Wesen, Dasein, d. Verf.] nicht bleiben mag.«
Seitdem müssen sich die Deutschen damit nachhaltig rum-
schlagen.

Der antipreußische Sachse

Sie können sich nicht gut riechen, die Preußen und die Sachsen. Der deutschen Sprache harte Schnarrer und der deutschen Zunge weiche Sänger. Sie pflegen ihre Feindschaft. Die Abneigung beruht auf Gegenseitigkeit, sie kämpfen schon lange gegeneinander: erst im Siebenjährigen Krieg, dann in den Befreiungskriegen, später im Krieg von 1866, nach 1945 im Zorn auf die Politbüro-Berliner. Frieden haben sie nie wirklich geschlossen, auch wenn sie als Protestanten friedlich vereint sein könnten.[20] Aber der Preuße hat den Sachsen immer mit reingezogen in irgendwelche komischen Geschichten der Geschichte. Deshalb musste der Sachse leiden, deshalb kann er den Preußen nicht leiden. Und weil der Sachse die Preußen nicht leiden kann, sie aber dennoch irgendwie bestaunte, weiß der Preuße den Sachsen nicht einzuschätzen, er misstraut ihm.

»Warum ist die Älwe bei Dresden so gälbe? Se schämt sich ze Schanden, dass se muß aus den Landen. Denn glei hinter Meißen – pfui Spinne – liecht Breißen.« Das Gedicht entstand, nachdem die nördlichen Nachbarn den Sachsen die Hälfte des Vaterlandes und die Hälfte ihrer heißgeliebten Elbe genommen hatten.[21] Nach der Niederlage Napoleons wurden auf dem Wiener Kongress die neuen Grenzen Europas verhandelt. Dabei stellte sich die sächsische Frage, da der

König von Sachsen in Personalunion auch Herzog von Warschau war. Der Fortbestand Sachsens als Staat war durch die Inhaftierung des Königs Friedrich August I., dem die Alliierten Kollaboration mit Napoleon vorwarfen, mehr als unsicher. Die Preußen zwangen einen Teil der Sachsen nach 1815 in die Provinz Sachsen. Scheußlich – als wäre Sachsen preußische Provinz. Das sitzt tief.

Die Sachsen sind noch immer da, die Preußen nicht mehr. Außer in Bayern, aber auch dort nur mit Sau davor. So wenig fein drückt sich der Sachse nicht aus. Er erzählt lieber eine typisch sächsische Geschichte: Sie handelt von einem alten Mütterchen, das in Leipzig immer fleißig in die Kirche ging und Kirchenlieder sang. Wie es sich gehört. Sie sang alle Strophen auswendig, alles auswendig, alles korrekt. Nur bei einem muckte sie auf. Das Lied: »Wir loben, preisen, anbeten dich« sang sie nicht wie die anderen. Die Preißen loben? Anbeten? Niemals. Das Mütterchen sang: »Wir loben, Sachsen, anbeten dich.«

Das ist enttäuschter Ehrgeiz, persönliche Feindschaft, gefühlsmäßige Abneigung, gegenseitige Demütigung, aber vor allem begründeter Ernst. Denn die Preußen kamen über Sachsen und nötigten ihm ihre harte Befehlssprache auf. Erst teilten die Preußen Sachsen, dann sollten die Sachsen den Preußen als Soldaten dienen, noch später für die Hauptstadt der DDR mit ihnen alles teilen. Sie taten es. Es gab Geld und manchmal Bananen. Die Sachsen konnten die Berliner nicht leiden, weil die Genossen Privilegien genossen. Nicht nur Bananen, sondern auch Westfernsehen und die Nähe zu Westberlin, die viele Ostberliner nutzen durften, um hin und her zu reisen. Die obersten Berlingenossen predigten Marx und machten Murks, organisierten Fackelzüge und Militärparaden. Der Sachse spürte den Widersinn.

Die Berliner ließen die Sachsen den Palast der Republik

mit aufbauen, die Sachsen nannten ihn Ballast der Rebublik. Später halfen sie, ihn mit abzureißen. Das Gewandhaus in Leipzig, der Kulturpalast in Dresden oder die Stadthalle in Chemnitz dagegen stehen noch. Über ihre Schönheit lässt sich streiten, aber sie sind Denkmale einer Zeit, die auch zu Sachsen gehört. Zeitzeichen braucht jede Zeit.

Die Sachsen sollten als Grenzsoldaten an der Berliner Mauer das Land verteidigen, von dem nur ein Viertel übrig war. Sie taten es. Manchmal aus Blödheit, manchmal aus Überzeugung, immer mit Widerwillen. Aber vor allem konnte es der Sachse nie ertragen, dass er zentralistisch verwaltet wurde. Mit der Gründung Preußens durch den Soldatenkönig etablierte sich in Deutschland eine Auffassung von Gesellschaft, die den Einzelnen als Funktion des Staates begriff. Die Staatsräson hatte den Untertan erfunden, aber der Sachse will nicht von unten nach oben auf irgendjemanden blicken müssen, um durchzublicken. Er muss nach unten schauen, um sein Tagwerk zu beenden, er will gern für sich sein und machen, was er will, ob das der Preuße will oder nicht. In seinem Inneren sehnt sich der Sachse nach Ruhe und Freiheit. So ist seine Natur. Schließlich besteht die größte Freiheit darin, nicht das tun zu müssen, was man nicht will. Wer hat das gesagt? Jean-Jacques Rousseau, der beste Freund des großen Preußenkönigs, der den Sachsen seinen Willen aufzwingen wollte. Das musste schiefgehen.

In der DDR entstanden die Pläne für die Wirtschaft in Berlin. Planwirtschaft hieß das. Die Sachsen mussten mitmachen, aber sie hörten genau hin und taten, was erst Ulbricht und später Honecker forderten: Es ist aus unseren Betrieben noch viel mehr herauszuholen. In Zwickau fuhr einer jahrelang nagelneue Trabants vom Hof, um sie auf dem Schwarzmarkt zu verkaufen. 25 Stück klaute der Mitarbeiter des VEB Sachsenring zwischen 1980 und 1988. Eine Viertelmillion DDR-Mark verdiente er damit. Irgendwann fiel sein großzügiger Lebensstil doch auf, sein Trabi-Treiben wurde entdeckt, er kam vor Gericht, wurde zu neun Jahren Gefängnis verurteilt, die Rennpappen, soweit vorhanden, wurden beschlagnahmt und gingen an den VEB Sachsenring zurück. Dass in neun Jahren 25 Trabants verschwinden konnten, ohne dass es einer merkte, zeichnet ein Bild der Berliner Planwirtschaft.

In Klingenthal produzierten die Instrumentenbauer zu 70 Prozent für den Export, zu 20 Prozent für die DDR und zu zehn Prozent für sich selbst. Berlin sollte nicht alles kriegen. Die Berliner versuchten ja Sachsen leer zu räumen, sie schickten ihren Schalck, den Golodkowski, durch die sächsischen Antiquariate und Antiquitätenläden, schließlich war hier am meisten herauszuholen. Mister KoKo (Kommerzielle Koordinierung) verhökerte auch sächsische Gaslaternen und Pflastersteine, um Devisen zu scheffeln. Unvergesslicher Frevel. Der Sachse Thomas Rosenlöcher vergaß das nicht, er nannte sein 1990 erschienenes Buch über die Tage der Wende »Die verkauften Pflastersteine«.

Es ging noch schlimmer: In Freital arbeitete die 1872 gegründete Porzellanmanufaktur seit den 1970er-Jahren ausschließlich im KoKo-Auftrag. Die Eigentümer wurden in der DDR enteignet, der Betrieb verschwand scheinbar im Nichts und nannte sich nach 1990 »Die vergessene Manufaktur«. Insgesamt 50 Milliarden Mark holte der Schalck nach eigener Rechnung für Ost-Berlin herein, allerdings nicht nur mit Porzellan und Antiquitäten, sondern auch mit dem Verkauf von Waffen und Häftlingen. Kein Witz. Witze rissen die Sachsen über den Berliner DDR-Wirtschaftsminister Günter Mittag: Geht ein Kannibale ins Politbüro. Fragt der Pförtner, was er denn hier wolle. Sagt der Kannibale: »Mittag-essen.«

Ja, der Sachse machte schon immer seine Späße über die

Berliner, er nahm sie auf den Arm. Aber der Preußenhass hat zugleich Liebe gezeugt, denn andere teilten ihn mit dem Sachsen. Zum Beispiel die Norddeutschen an der Ostsee, wo die Berliner im Sommer die Strände belegten und die Rostocker oder Warnemünder sie ausnahmen wie verirrte Kamele im Ostseesand. Die Sachsen halfen ihnen dabei. Noch früher lebten andere diese Preußen-Hassliebe.

Da ist zum Beispiel die welfisch-wettinische Freundschaft. Sie stammt aus der Zeit, da, nachdem die Preußen das kleinere Reich der Welfen geschluckt hatten, sehr viele Köpfe des hannoverschen Adels nach Sachsen kamen. Sie lebten dort und dienten in gemeinsamer Abneigung gegen die Junker im Norden und Osten. Der sächsische Adel versippte sich damals eng mit dem niedersächsischen. Das hielt bis 1945.[22] Danach zogen die oberen Tausend der Sachsen und Obersachsen auf der Flucht vor den Berliner Kommunisten nach Niedersachsen. Folge? Hannover war nach 1945 neben München ein Zentrum des emigrierten sächsischen Adels.

Hat er sich gerächt, der Sachse? Er hat. Auf dem Fußballfeld zum Beispiel. Nur zu gern schlugen die Sachsen in der DDR den Berliner Fußballclub BFC, jedes Spiel geriet zum öffentlichen Schlagabtausch, jeder sächsische Sieg war ein heimlicher Sieg gegen die Hauptstadt samt Funktionärsseilschaften. Die große Rache folgte 1989, als in Plauen, Leipzig und Dresden die friedliche Revolution begann. Doch vorher schickten die SED-Berliner einen Mann nach Sachsen, der dort Ordnung schaffen sollte. Aber er begann selbstständig zu denken. Hans Modrow, geboren in Pommern, gedient im Volkssturm, studiert in Moskau, aufgestiegen im Berliner Funktionärsbetrieb, kam 1973 als Statthalter nach Sachsen und hielt zu den Sachsen statt zu den Berlinern. Soweit er konnte. 1989 verließ ihn kurzzeitig sein Können, bis er sich besann. Das gefiel den Berliner Polit-Greisen gar nicht, sie mussten gehen, Modrow wurde Ministerpräsident, der letzte der DDR. Ein Grund mehr für eine gepflegte Feindschaft.

Der Sachse könnte sich immer rächen, wenn er rachsüchtig wäre. Berlin liegt an der Spree, die Spree entspringt in Sachsen. Als in den 2000er-Jahren die alten Tagebaue in der Lausitz geflutet wurden, hätten die Sachsen Berlin fast trocken gelegt, denn das Wasser floss in die Gruben, um zu schönen Seen zu werden. Die Sachsen können den Berlinern schon immer das Wasser reichen, wenn sie wollen. Das wusste auch schon der zweite Fritz, deshalb hätte er die Sachsen gern ganz geschluckt. Seine Abneigung saß besonders tief.

Der Nachwuchs des Soldatenkönigs, der kleine Preuße, der sich später der Große nannte, bekam einst ein buntes Meckervieh. Den Spaß dachte sich der sächsische Hofnarr aus. Er schmückte eine Ziege wie ein Pferd zum Faschingsfest. Das Tier bekam Fuchsschwänze an den Hintern, Glocken auf den Rücken und bunte Bänder in die Kopfhaare. Die Ziege zog einen Schlitten, auf dem ein Pudel saß, verkleidet als junger feiner Herr. Der schmuste mit einem Kätzchen, nur leicht verhüllt mit einem Damenpelz. Ein Liebespaar aus räudigem Hund und läufiger Katze.

Im Februar 1728 musste Kronprinz Friedrich seinem Vater Friedrich Wilhelm I. nach Dresden folgen. Der 16-jährige Thronfolger sollte die Sachsen kennenlernen. August der Starke lud zum Jagd- und Faschingsfest, er wollte mit Preußen verhandeln. Spätestens seit sich der sächsische Kurfürst zum polnischen König hatte krönen lassen, beäugten ihn die Nachbarn aus Berlin äußerst misstrauisch. Friedrich Wilhelm I. nahm damals die Einladung an. Sein engster Berater, Friedrich Heinrich von Seckendorff, hatte ihn beschwatzt. Der alte Preuße benötigte Ablenkung, ihn plagten Krankheiten, sodass er sogar daran dachte abzudanken. Außerdem war es einen

Versuch wert, die Sachsen vielleicht mehr an sich zu binden. An der Elbe amüsierte sich der Soldatenkönig köstlich.

Als bester Schütze – Friedrich Wilhelm I. erlegte 150 Fasanen – erhielt er von August dem Starken eine goldene Schaumünze. Der Sohn des Preußen, Friedrich, bekam als schlechtester Schütze den Ziegenschlitten. Der sächsische Hofnarr verlas zudem bei der Preisverleihung laut einen Vers: »So wirst du auch der Welt, läßt dich der Himmel leben,/Nichts als was Großes mir zu lesen geben.« Ein kleiner Scherz, der den Vater so amüsierte, dass er sich beim Saufen verschluckte und spuckte. Der Kronprinz wendete sich angewidert ab. Er konnte nicht über den Vater, nicht über den sächsischen Ziegenbock lachen, nicht über sich selbst. Er hatte nichts zu lachen. Er war seines Vaters Prügelknabe, den die Sachsen zur Lachnummer machten. Sein Leben lang vergaß er diese Demütigung nicht.

Die erste Revanche plante er mit 23 Jahren. Er wollte den Nachbarn, »den frechen Sachsen, etwas ducken«, indem er ihm die Landbrücke zwischen Sachsen und Polen verbauen wollte. Er hatte den sächsischen August hassen gelernt, diesen »Sarmatenkönig«, der den Stammtisch zum promillegeschwängerten Treff diplomatischer Gespräche zwischen Preußen und Sachsen erhob. Er und Friedrichs Vater gründeten 1728 die »Société des antisobres«, die Gesellschaft wider die Nüchternheit. Ein Nachbau des Tisches, den die Gesellschaft nutzte, steht übrigens seit 2010 auf Schloss Wackerbarth in Radebeul. Die Gesellschaft wollte sich 2011 wieder gründen, aber weder in Berlin noch in Sachsen fanden sich Politiker, die sich an diesen Tisch setzten wollten. Ihnen steckten in der Geschichte zu viele Promille, dabei geht es um den Geist an einem runden Tisch. Schon Friedrich ahnte, dass der Verein mehr sein wollte als ein barocker Säuferklub. Er hatte recht. Die Mitglieder misstrauten einander. Sie hofften, der andere möge im Delirium Geheimnisse verraten. August der Starke notierte in seinen Erinnerungen: »Man verstellte sich gegenseitig, man heuchelte Freundschaft. Im Grund haßte man sich und mußte sich hassen.«

Aber nicht nur das. Der sächsische Polenkönig wollte dem kleinen Friedrich auch noch die beste Freundin nehmen, seine 19 Jahre alte Schwester Wilhelmine Friederike Sophie. Im Rausch kungelten der Vater und August die Heiratspläne aus, nachdem am 5. September 1727 die Ehefrau des sächsischen Kurfürsten gestorben war. Der Preußenkönig erklärte sich beim Faschingsfest bereit, nach der Verlobung dem 57-jährigen Bräutigam aus Sachsen vier Millionen Taler und ein Truppenkontingent zur Verfügung zu stellen, um die Polen zu zwingen, ihn als erblichen König anzuerkennen. Dessen Gegenleistung sollte die Lausitz sein, als Pfand für 20 Jahre. Außerdem hätte die Braut ihre Religion frei ausüben können und ein Witwengeld von jährlich 200 000 Talern bekommen. Was für ein Geschäft. Es kam nicht zustande, aber für Friedrich, den Heranwachsenden, war es ein weiterer Grund, Sachsen zu hassen.

Mit 16 Jahren interessierte sich der junge Preuße für Latein und Französisch, 1728 begann er, heimlich das Flötenspiel zu erlernen. Er sehnte sich nach Zärtlichkeit. Beim Fest am sächsischen Hof begegnete ihm eine Frau, 20 Jahre alt, außereheliche Tochter Augusts des Starken. Anna Karolina Orzelska war schön, ihre Mutter Französin, sie hatte Sinn für Musik, Literatur. Sie ließ den Jungen unter ihren Rock. Mit Folgen. Er soll sich bei ihr mit dem Tripper infiziert haben. Oder hatte er nur versagt?

In der Biografie »Friedrich, ein deutscher König« zitiert der Journalist und Historiker Johannes Unger den Leibarzt des Kranken. Er berichtet, dass die Geschlechtskrankheit zunächst beseitigt war, aber sechs Monate nach der durch den unerbittlichen Vater erzwungenen Hochzeit mit Elisabeth Christine von Braunschweig-Bevern, »diesem zimperlichen Griesgram«, bei Friedrich erneut ausbrach. Ein daraufhin notwendiger »grausamer Schnitt« habe das Liebesleben des Paares endgültig beendet. Von da an hielt sich der Preußenkönig fälschlicherweise für zeugungsunfähig. Oder er benutzte es als Vorwand. Bis heute streiten sich Experten, ob Friedrich homosexuell war. Man kann es annehmen, die Frage aber ebenso offenlassen. Der »Schnitt« jedoch verstärkte Friedrichs Hass auf die Sachsen.

Eines steht indessen fest: In Sachsen wurde der junge Friedrich zum Mann, erlitt aber zugleich Qualen. Als sein Vater die »Unzucht und Krankheit« entdeckte, verstärkte das nur seinen Zorn auf den undankbaren Sohn. Der entwickelte eine Überlebensstrategie, die seinen Charakter prägte. Einerseits gehorchte er, versteckte seine Gefühle, erfüllte alle Wünsche des »allergnädigsten Königs«. Andererseits verbarg er sich in seinen Gedanken, plante die Flucht. Der Drang nach Anerkennung mischte sich mit Kaltschnäuzigkeit. Er lernte, sich perfekt zu verstellen, die Sachsen immer fest im Blick.

Denn wenig später wurde das Kurfürstentum Sachsen für den Preußen erneut zum Schicksalsort. Als am 1. Juni 1730 August der Starke mit dem wohl bekanntesten Manöver seiner Zeit, dem Zeithainer Lager, den Soldatenkönig beeindrucken wollte, reiste auch der preußische Kronprinz wieder mit. Während die sächsische Armee mit 30 000 Mann, 24 schweren und 48 Feld-Geschützen aufmarschierte, offenbarte Friedrich seinem Freund Hans Herrmann Katte, dass er nach Frankreich fliehen wolle, um sich der Erziehungsgewalt seines Vaters zu entziehen. Ein Helfer verriet den jungen Fritz, seine Flucht misslang, der Preußensohn kam auf der Festung Küstrin im heutigen Polen in Einzelhaft. Der Vater zwang ihn zuzusehen, wie am 6. November 1730 sein bester Freund, der die Flucht vorbereitet hatte, geköpft wurde. Friedrich fiel in Ohnmacht und glaubte fortan, ein Sachse habe ihn verraten.

Nach der Freilassung zog er sich mit seiner vom Vater angeordneten Ehefrau auf Schloss Rheinsberg zurück, gerierte sich als Künstler, holte sich den populärsten Philosophen seiner Zeit, den Franzosen Voltaire, ins Haus. Friedrich philosophierte, er schrieb, er komponierte, wollte Aufklärer sein. Und er registrierte, dass 1733 August der Starke gestorben war, dass sein Sohn, August III., die Macht übernahm. Friedrich wartete auf den Tod seines Vaters.

1740 starb dieser endlich. Jetzt hatte der Preußensohn freie Hand. Er erbte ein intaktes Land mit prall gefüllter Kriegskasse, 80 000 Mann groß war das gewaltige Heer in einem Land mit 2,24 Millionen Einwohnern. Im gleichen Jahr starb Kaiser Karl VI., der Habsburger an der Spitze des Reiches. Seine Tochter erbte die Krone, aber Friedrich weigerte sich, ihren Anspruch anzuerkennen. Die Gelegenheit war einfach zu günstig, seinen Plan, Schlesien an sich zu reißen und Sachsen zu schwächen, umzusetzen. Als August III. auch noch Anspruch auf den Kaiserthron erhob und daran dachte, Sachsen, Schlesien und Polen territorial miteinander zu verbinden, reichte es dem neuen Preußenkönig. Er rüstete die preußische Armee zügig weiter auf.

Sechs Monate nach seiner Krönung besetzte er Schlesien. Ohne Vorwarnung, mitten im Winter. Er hatte leichtes Spiel, doch als den Feldherrn-Azubi im April 1741 die österreichische Kavallerie attackierte, machte er sich davon. Seine Generäle brachten das Gemetzel halbwegs siegreich zu Ende. Schlesien wurde tatsächlich preußisch, aber Friedrich musste es sein Leben lang verteidigen, wuchs immer mehr zum furchtlosen Feldherrn. Er schloss Frieden, er brach ihn, er forderte Kriegsentschädigung, er schmiedete Bündnisse und ließ sie platzen. Friedrich sagte: »Sachsen ist wie ein Mehlsack, egal wie oft man draufschlägt, es kommt immer noch etwas heraus.«

Als er 44 war, im Jahr 1756, marschierte er in das Land des Ziegenbocknarren ein, nachdem er es immer wieder belästigt und zerkleinert, verwüstet, die Bewohner gequält hatte. Er begann ebenjenen Krieg, der sieben Jahre dauern sollte. Ein Weltkrieg im 18. Jahrhundert. Ihn reizten das wirtschaftlich erfolgreiche Sachsen und die zahlreiche, teilweise bestens ausgebildete Bevölkerung, ihn trieb die lang genährte Rache, es dem einstigen Demütiger zu zeigen.

Stets gewannen die Preußen die entscheidenden Schlachten. 1759 wurden sie bei Maxen einmal geschlagen. 1760 dann versetzte Friedrich Dresden in Angst und Schrecken, fünf Kirchen ließ er seine Soldaten niederbrennen, hundertsechzehn Wohnhäuser zerstören. Die Belagerung scheiterte letztlich. Am 29. Oktober 1762 fand die letzte Schlacht des Siebenjährigen Krieges in Freiberg statt. Wieder in Sachsen. Die Preußen siegten noch einmal. Doch sowohl sie als auch die europäischen Kriegsgegner waren zu erschöpft, um weiter zu kämpfen. Auf Schloss Hubertusburg wurde im Februar 1763 ein Friedensvertrag ausgehandelt.

Preußen durfte sich als europäische Großmacht feiern lassen, doch erobert hatte Friedrich Sachsen nicht. Dafür wurde es außenpolitisch bedeutungslos, war wirtschaftlich geschwächt. 250 bis 300 Millionen Taler kostete Kursachsen der Krieg, viele Sachsen mussten nun in der preußischen Arme dienen, Städte wie Dresden, Wittenberg und Zittau waren zerstört, Seuchen gingen um, Vieh starb, die Bevölkerung Sachsens sank um schätzungsweise 140 000 Menschen. Und Friedrich, der große Sachsenhasser, hatte eines erreicht: Er begründete die tiefe Ablehnung der Sachsen gegen alles Preußische.

Das Land Friedrichs des Großen gibt es nicht mehr. Die Sachsen leben, sie lachen über ihr Schicksal. So ist das geblieben, den Berlinern fehlt der Humor. Als Erich Honecker in den 1980er-Jahren das Reiterstandbild Friedrichs II. unter den Linden aufstellen ließ und erlaubte, ihn wieder »den Großen« zu nennen, da dachten die Sachsen das erste Mal an eine neue Revolution. Wenig später fand sie statt.

Und heute? Junge Menschen strömen angeblich in das so kreative, hippe Berlin. Aber nicht alle sind so irre verrückt.

10 000 von ihnen grölten beim Hurricane-Festival im Juni 2012: »Doch auch wenn andre Städte scheiße sind, ich will nicht nach Berlin.« Das Lied stimmten fünf Jungs in weißen Polohemden und mit roten Hosenträgern an. Sie verkünden ihre Botschaft so simpel wie durchschlagend: Mitte war gestern, Landlust ist heute. So schreibt es der Journalist Hannes Ross im »Stern«. Was erklärt er da? Mit dem Schmählied »Ich will nicht nach Berlin« hat die Band Kraftclub aus Chemnitz eine Hymne auf die Provinz geschrieben. Einen bitterbösen, sehr tanzbaren Abgesang auf die ach so kreative Latte-macchiato-Jugend, die es seit Jahren aus Dippoldiswalde, Bischofswerda oder eben aus Chemnitz in den Freizeitpark an der Spree zieht. Der Sänger Felix Brummer, 22 Jahre jung, sagt: »Mich nerven einfach nur Leute, die nach Berlin gehen, weil sie glauben, dadurch interessantere Menschen zu werden. Da bleiben wir lieber in Chemnitz.« Kraftklub singt auch: »Ich komm aus Karl-Marx-Stadt, bin ein Verlierer, Baby, original Ostler.« Sachsen sind nicht nachtragend, aber sie vergessen auch nichts.

Der königliche Sachse

Die Sachsen lieben August den Starken. August ist auch im Jahr 2012 der Star, sein Nachfahre Alexander Prinz von Sachsen dagegen macht den August. Der Starke ist der bedeutendste Sachse aller Zeiten, ein barocker Kunstheld, ohne den es das heutige Sachsen-Image nicht geben würde. Der Prinz ist schwach und scheint sich für Nachtreter zum Nachtreten hervorragend zu eignen. Ja, die meisten Sachsen halten die Nachfahren des starken Helden-Wettiners sogar für unzurechnungsfähig.

Erneut wird den Sachsen bewusst, wie zwiespältig das Verhältnis zu ihren Blaublütern ist, wenn sie denn überhaupt ein Verhältnis zu ihnen haben. Ihr Königshaus ist vielen durchaus etwas wert. Ein sentimentales Gefühl, eine schöne Erinnerung, eine stolze Tradition. Doch da beginnt schon der Zwiespalt. Denn während das Königshaus heute noch gut katholisch ist, ist der Sachse, wenn überhaupt religiös, mehrheitlich protestantisch. Der Sachse weiß, dass August der Starke nur aus Karrieregründen zum Katholizismus übertrat, er wollte König werden, und die Polen akzeptierten nur einen katholischen. Eine Rückkehr des Katholizismus ins Mutterland des Protestantismus führt zur unbewussten Gegenwehr. Da kann der Sachse ungemütlich werden, auch wenn versucht wurde, ihm in der DDR seinen religiösen Hintergrund auszutreiben. Seinen Luther vergaß er nie, den lässt er auch nachträglich nicht konvertieren.

Der Sachse fühlt sich gern als Monarchist und Republikaner zugleich, als königlicher Demokrat, dem ein demokratischer König am liebsten wäre. Ja, der Sachse war dem König hörig, gehört aber hat er ihm nie. Er hat ihm gedient, er hat ihn gefressen und vergessen. Und trotzdem blieb bis heute unvergessen, dass die Sachsen fertigbrachten, was außer ihnen nur die Bayern vermochten: Sie blieben neun Jahrhunderte dem Herrscherhaus der Wettiner treu. 998 Jahre lang herrschten die Wettiner über ihr kleines Reich. Zu einem Jahrtausend reichte es nicht.

Das Volk gab den Herrschern Namen, doch ein Großer war nie dabei. Außer dem ersten Regenten Konrad, dem man das aber nicht abnahm und ihn gleichfalls den Frommen nannte. Es gab nur einen Streitbaren und einen Starken, aber dafür Ernsthafte, Sanftmütige, Weise, Großmütige, Gerechte. Die Sachsen zählten zu ihren Herrschern den Beständigen, Erlauchten, Beherzten, Gütigen, Bärtigen und Reichen, einen Bedrängten, aber keinen Bedränger, einen Gebissenen, aber keinen Beißer, dafür einen Entarteten.

Der Fürstenzug am Schloss wird gehegt und gepflegt, die Meissener Fliesen überstanden den Luftangriff von 1945 fast unbeschadet, was wie ein Zeichen schien. In der DDR, von 1978 bis 1980, wurde das Wandbild restauriert. Im Schloss präsentieren sich seit drei Jahren die Herrscherbüsten in der Fürstengalerie. Die Sachsen zeigen das gern, aber genauso gern standen sie gegen ihren Adel auf, beispielsweise 1830 oder 1848. 1918 reichte es den Sachsen endgültig, sie machten Revolution, schickten ihren König für immer nach Polen, trennten sich von ihm und fragten zugleich, ob sie gute Freunde bleiben können. Sie rissen Witze über den letzten König, der ein bürgerlicher war, ein Sachse, wie ihn sich der

Sachse wünscht: bescheiden, ohne sich zu bescheiden, eifrig, aber nicht eifernd, drängend, aber nicht aufdringlich, hilfreich und hilfsbereit, kritisch, vor allem gegenüber sich selbst, aber mit scharfem Verstand die eigene Lage analysierend und seine Chance und die des Landes nutzend.

Bis zum Ende des Zweiten Weltkrieges widmete sich die Wettiner-Familie vor allem der Bewirtschaftung des Gutes Sibyllenort und der Forstwirtschaft um Moritzburg. Ihre zweite Enteignung erfolgte 1945. Diesmal durch die Russen. Die Wettiner flüchteten aus Sachsen, suchten Zuflucht bei Verwandten und mussten sich eine neue Existenz aufbauen. Seit 94 Jahren regieren die Wettiner nicht mehr. Im Verhältnis zu neun Jahrhunderten nur ein Zehntel. Die alte Treue sitzt tief und bringt den Sachsen noch heute in einen Zwiespalt.

1989 hofften nicht wenige Sachsen, dass die Wettiner-Familie vereint aus dem Exil in ihre einstige Heimat zurückkehren würde. Nicht um das Land zu regieren, aber um es zu repräsentieren, um mitzuhelfen, es aufzubauen. Das hatten sie im Exil versprochen. Der im Juli 2012 verstorbene Wettinerchef Maria Emanuel Markgraf von Meißen Herzog zu Sachsen wurde in den 1990er-Jahren als Hoffnungsträger ausgerufen. Doch seine Hoheit knüpfte die Rückkehr an Bedingungen. Er wollte jene Ländereien zurück, die der Königsfamilie bei der Fürstenabfindung 1924 zugesprochen, nach 1945 jedoch konfisziert worden waren. Darunter unter anderem der einstige Familiensitz Schloss Wachwitz in Dresden, der hoch oben auf dem Elbhang zwischen Loschwitz und Pillnitz thront.

Nach der Euphorie von 1989 enttäuschten die Königsenkel die Hoffnung vieler Sachsen. Was diese vor allem wahrnahmen, war ein erbitterter Streit um Erbschaft, Erbfolge, Macht und Geld, der ungeniert und öffentlich geführt wurde. Sie stellten Ansprüche auf Land und Immobilien, sie wilderten im Grünen Gewölbe, in der Meissener Porzellansammlung und in den Kunstsammlungen. Juristisch bedacht, moralisch bedenklich.

Der Streit um den alten Besitz schürt den Zwiespalt, denn die Sachlage ist verzwickt und hat ihre Wurzeln bereits im Jahr 1918. Als der letzte Sachsenkönig nach der damaligen Revolution abdanken musste, ging der Besitz zunächst in staatliches Eigentum über. Die revolutionären Sachsen hatten keinen Sozialismus ausgerufen und wollten auch nicht das Privateigentum abschaffen, doch mit den Privilegien der bislang Herrschenden sollte es ein Ende haben. »Es lebe die soziale Republik!« hieß die Losung. Friedrich August erhielt den Bescheid, dass Zivilliste und Apanagen ab dem 1. Dezember 1918 gestrichen seien. Der gesamte Besitz des einstigen Königs, der Prinzen und Prinzessinnen wurde am 23. November 1918 vorerst beschlagnahmt. Eine kühne Enteignung, die sechs Jahre später mit einem Vertrag nivelliert wurde. Ländereien und Kunstgegenstände wurden zwischen Adelsfamilie und Staat aufgeteilt.

Im Sächsischen Hauptstaatsarchiv in Dresden liegt noch heute das Beschlussdokument über die Einigung des Staates Sachsen mit der ehemaligen Königsfamilie. Damals blieb der Kabinettsbeschluss geheim, weil die Regierung befürchtete, es könnte unter der Bevölkerung Unruhen geben. Denn die litt nach wie vor unter den Folgen des Ersten Weltkrieges. Eine Abfindung in Millionenhöhe wäre kaum auf Verständnis gestoßen. Über 15 Millionen Mark Kapitalien und eine Geldrente von mehr als 260 000 Mark monatlich bekamen die Wettiner für ihr Privateigentum. Die geforderten Güter und Villen akzeptierte das Kabinett als Eigentum der früheren Königsfamilie.

Der Historiker Walter Fellmann beschreibt den Urfehler in der Debatte, die bis heute emotional heftig geführt wird:

Staats- und Privatbesitz wurden zwischen 1924 und 1945 immer wieder vermischt. Es sind jene Jahre, die nach wie vor die Rechtslage so schwierig machen. Museen wie die Porzellansammlung im Dresdener Zwinger waren zudem schon lange vor 1918 aus dem Steuereinkommen des Landes finanziert worden. Sollten sie also tatsächlich als Privatbesitz der Wettiner akzeptiert werden? Die Frage blieb unbeantwortet. Die Abgeordneten im Landtag fanden 1924 zu keiner Mehrheit, es kam zu einem Patt von 48 zu 48 Stimmen. Typisch sächsisch. Die Kunstsammlungen samt Porzellansammlung wurden nicht verstaatlicht, sondern gingen per Gesetz in eine Kulturstiftung über.

Zu der Fürstenabfindung gab es in Deutschland 1926 einen Volksentscheid. 46,7 Prozent der wahlberechtigten Sachsen stimmten dagegen, in Dresden 50,3 Prozent, in Leipzig 62,7 Prozent. Schon damals war der Widerstand im sächsischen Volk so groß wie sonst nirgends in Deutschland.

Die letzte Welle im Besitzstreit schwappte zum Jahreswechsel 2007/2008 über die sächsische Porzellanschatzkammer. Die musste deshalb sogar schließen. Dresdener und Touristen standen wochenlang draußen vor der Tür und drückten sich die Nasen platt. Kein Reinkommen. Da ist der Sachse nicht mehr im Zwiespalt, sondern einfach nur sauer.

Die Blaublüter schien die Wirkung auf die Sachsen wenig zu bekümmern. Auch sie müssten von irgendetwas leben, ließen sie gelegentlich wissen, wenn es mal wieder Kritik hagelte, weil sie aus den hoch geschätzten sächsischen Kunstgütern Kapital schlagen. Kontakt zum sächsischen Volk hatten sie ohnehin nur selten. Ohne Wohnsitz sahen die Wettiner keinen Grund, in ihre alte Heimat umzusiedeln. Sie blieben, wo sie waren, am Genfer See der Markgraf, in München dessen Bruder Prinz Albert, ein Historiker, und in Kanada der Familienzweig des Königssohnes Ernst-Heinrich. Die Sachsen bekamen die Königs-Nachfahren nur gelegentlich zu Jubiläen zu Gesicht und keineswegs vollzählig, sondern mal den einen, mal den anderen, und keineswegs vereint, sondern einzeln mit großem Abstand zu den jeweils anderen.

Nur Prinz Albert und Gattin zeigten sich regelmäßig, was den Markgrafen Emanuel wiederum erzürnte. Die Brüder waren sich nicht grün, und mit dem kanadischen Familienableger ist man sowieso verkracht, weil der Markgraf mit der Adoptions-Nachfolge Prinz Alexander das Familiengesetz gebrochen haben soll.

Das sächsische Volk ließ nach 1990 schnell die Hoffnung auf einen präsidialen Sachsenkönig fahren und nahm sich als Ersatz den sächsischen Ministerpräsidenten Kurt Biedenkopf. Der gilt bis heute, von ihm unwidersprochen, als König Kurt. Ein respektabler Repräsentant, der sich der Melange aus politischer Macht, den Eigenheiten sächsischer Mentalität und höfischem Gestus bediente. Die Sachsen quittierten dies mit dem nötigen Respekt und dem notwendigen Augenzwinkern. Solange es dem Lande diente, sollte der Ministerpräsident samt Gattin seinen Spaß haben. Selbst als er die goldene Krone wieder auf das Dach des Königlichen Innenministeriums, der jetzigen Staatskanzlei, heben ließ, wurde das vom Volk freundlich registriert, von den Wettinern jedoch als Majestätsbeleidigung gewertet.

Während die Enkel des letzten Sachsenkönigs ihrem Heimatland weiter fernblieben, ließen sich die Urenkel in der Residenzstadt nieder. Da war zum einen Prinz Rüdiger, er kaufte ehemals familieneigene Wälder rund um Moritzburg und gründete einen Forstbetrieb. Zum anderen war da Alexander Prinz von Sachsen, der adoptierte Sohn des Markgrafen, der aus Mexiko kam, um sich in Sachsen einzurichten. Mehrere Jahre arbeitete er als Berater des CDU-Ministerpräsidenten Georg Milbradt, saß somit direkt in der Staatskanzlei.

Beim Regierungswechsel Anfang 2008 musste er jedoch sein Büro verlassen. Die Sachsen nahmen zur Kenntnis, dass der neue CDU-Ministerpräsident Stanislaw Tillich auf die Dienste des Adoptivprinzen verzichtete. Kalt abserviert. Enttäuscht zog Alexander samt Familie wieder weg aus Sachsen. Sehnsucht nach seiner Rückkehr herrscht nur bei wenigen. Aber ein wenig träumt der Sachse doch ab und an von englischen Verhältnissen und schwelgt, wie schön es doch sein könnte, einen guten König zu haben, der bei Katastrophen und Krisen moralische Unterstützung gibt, der Hoffnung schenkt, der Optimismus verbreitet, der Kunst und Kultur fördert, der in Schulen und an Universitäten sächsische Geschichte lehrt und vom zwiespältigen Verhältnis des Königshauses und der Sachsen erzählt. Eine Sentimentalität, die sich der Sachse gern mal leistet. Rein rational bleibt unterm Strich jedoch die Erkenntnis, dass die Wettiner ihren Kredit bei den Sachsen längst verspielt haben. Als Bürger von Adel sind sie stets willkommen, als Erbstreitadel braucht sie keiner.

Der Urberliner Zille war Sachse. Und der Idealtyp des deutschen Seemannes, Kuddel Daddeldu, war ein Sachse: Ringelnatz.[23] Die Bayern feiern auf dem Grünen Hügel Wagner, einen Sachsen. Die Sachsen vertrieben ihn zwar während der Revolution von 1848, sahen ihn flüchten und erließen gegen ihn einen Haftbefehl. Aber sie richteten ihm zu Ehren zugleich in Graupa, wo er die Oper »Lohengrin« vollendete, ein Museum ein. Das älteste Wagner-Museum der Welt. Es existiert noch immer. So sind sie, die Sachsen.

Münchner und Berliner streiten sich, wem der Sachse Erich Kästner gehört. Er ging zwar weg aus Sachsen, erst nach Berlin, dann nach München, aber in keiner der Städte existiert ein Erich-Kästner-Museum. Das gibt es nur in Dresden. Karl May träumte sich in eine andere Welt, ein Sachse, Karl Liebknecht, ein Sachse, wollte eine andere Welt erstreiten. Noch mehr Sachsen bitte? Theodor Körner, Friedrich Nietzsche, Gottfried Wilhelm Leibniz, Gotthold Ephraim Lessing, Anton Philipp Reclam und, ja, auch Rechenmeister Adam Ries.

Mag sein, dass die Sachsen mehr Kriege verloren als die Amerikaner und Deutschen zusammen, mag sein, dass ihre Geschichte die Geschichte der Kapitulationen ist, geistig aber haben sie nie kapituliert. Was die Sachsen in der Politik den Deutschen unterschlugen, in der Kultur haben sie es ihnen tausendfach zurückgezahlt. Mit ihren Staatsmännern konnten sie keinen Staat machen. Ihre Feldherren überließen anderen das Feld. Nur ihre Geistesgrößen sind nie kleine Geister gewesen.[24] Der Drang der Sachsen zur Weltgeltung hat seinen Grund nicht in der Politik, sondern in der Kultur und in der Wissenschaft. Theodor Fontane sagte: »Die Sachsen verdanken das, was sie sind, nicht ihrer Gemütlichkeit, sondern ihrer Energie. Diese Energie hat einen Beisatz von Nervosität, ist aber trotzdem als Lebens- und Kraftäußerung größer als bei irgendeinem anderen deutschen Stamm. Ihre Kulturüberlegenheit wurzelt in ihrer Bildungsüberlegenheit, die nicht vom neuesten Datum, sondern fast 400 Jahre alt ist!«

Viele Deutsche lästern, dies sei Geschichte, der Sachse lebe vom Mythos, er ruhe sich aus auf den Lorbeeren seiner alten Geister und verkläre seine Vergangenheit. Besonders die Blüte Sachsens im 18. Jahrhundert werde bis in die Gegenwart gefeiert. Dass Sachsen das deutsche Sehnsuchtsland jenseits der Alpen gewesen sei, wäre pure Romantik. Der Sachse indes zitiert Novalis, in Kursachsen geboren: »Die Welt muß romantisiert werden. So findet man den ursprünglichen Sinn wieder.« Wer die Vollkommenheit sucht, der muss der Realität entfliehen. Zur Romantisierung Sachsens trugen nicht unwesentlich Maler bei. Caspar David Friedrich, Carl Gustav Carus und Ludwig Richter verwandelten die Sächsische Schweiz in ihre Ideallandschaft. Auch Schriftsteller wie Hans Christian Andersen ergaben sich dem Zauber der Landschaft. 1831 schrieb er seinen »Bericht einer Reise in die Sächsische Schweiz«. Am Lilienstein geriet er ins Schwärmen und beschrieb das Elbstandsteingebirge wie in einer lyrisch-dramatischen Dichtung, in der er die Bäche in Jamben über die vielen Steine zanken hörte, die dem Wasser im Wege lagen, die Vögel zwitscherten, wie ihnen der Schnabel gewachsen, im Sonett, und die Felsen standen für ihn breit und stolz wie respektable Hexameter. Hier spürte der Däne pure Romantik und fand Inspiration für seine Märchen.

Friedrich Schiller schrieb: »Als auf einmal, und mir zum ersten Mal, die Elbe zwischen 2 Bergen heraustrat, schrie ich laut auf … Die Elbe bildet eine romantische Natur um sich her.« Johann Gottfried Herder fühlte Sachsen als »harmonische Musik«, Józef Ignacy Kraszewski bemerkte »die pedantische Pflege der Tradition«.

Sachsens Geistesgröße wäre nichts weiter als eine auf Historischem komponierte Idee, sagen die Deutschen. Dresden als deutsches Florenz, wie Herder schrieb, und Leipzig als Klein-Paris, wie Goethe es erlebte, seien erst im Krieg und dann im Sozialismus endgültig untergegangen. Winckelmanns sächsisches Athen für Künstler blende die Brüche in der Tradition aus. Dass Dresden 2009 den Weltkulturerbetitel der Unesco verspielte, sei ein Beleg dafür. Der Soziologe Karl-Siegbert Rehberg schreibt, Mythisierung habe ihren Feind in der genauen geschichtlichen Rekonstruktion, und ausgeblendet werde, woran man nur ungern sich erinnert, etwa daran, dass beispielsweise viele Dresden-Besucher und Gäste, nicht zuletzt Friedrich Schiller, Jean Paul, Johanna Schopenhauer, Caroline Schlegel oder Gottfried Seume, bittere Worte fanden »über die subalternen Hofbeamten, die Hofchaisenträger, königlichen Hofbettschreiber, Hofzuckerbäcker und Militärs«, »das gekrümmte Schranzenvolk«, »ein seichtes, zusammengeschrumpftes, unleidliches Volk«, die »trübseligen, unglücklichen, entmenschten Gesichter, die hier das öffentliche Leben bestimmten«. Natürlich schranzt sich um einen Hof ein Gesindel, das wie Fettaugen auf der Suppe schwimmen will. Da machte und macht Sachsen keine Ausnahme.

Dieter Wildt schrieb: Der Sachsen Zeugnis schaut so aus. Irdisches: mangelhaft. Überirdisches: sehr gut. Die Sachsen, die den Deutschen die Reformation schenkten, die ihnen

Aufklärung bescherten, auf deren Boden die deutsche Klassik entstand und vieles von der deutschen Romantik, ebendiese Sachsen ließen bei sich den deutschen Expressionismus erblühen und schufen die Grundlagen des Bauhauses. Sachsen ist Zentrum der Begabungen und Talente.[25] Er berief sich auf einen umstrittenen Psychiater, Ernst Kretschmer, der sogar meinte, die Sachsen seien der geniereichste Stamm. Kretschmer entwarf eine Karte mit den Geburtsorten der deutschen Genies. Es bleibt, ähnlich wie bei den Deutschland-schafft-sich-ab-Thesen von Thilo Sarrazin, fraglich, ob Herkunft über Intelligenz entscheidet. Richtig aber ist: Zukunft kann auf dem Humus einer gelungenen Historie entstehen. Und die besitzt Sachsen ohne Zweifel.

Der Sachse war und ist zudem schlau genug, wenn er selbst nicht weiterweiß, Leute heranzuholen, die weiterwissen. Und sie kamen: Baumeister Pöppelmann war ein Westfale, Bildhauer Permoser ein Bayer, die Architekten Longuelune und Jean de Bodt waren Franzosen, der Baumeister Chiaveri, der Maler Bellotto, genannt Canaletto, Italiener, die Maler Anton Graff und Adrian Zingg Schweizer, Caspar David Friedrich, Johann Christian Dahl, Philipp Otto Runge kamen aus dem Norden. Wer kam noch? Heinrich Schütz, die Dinglingers, Jean Paul waren in Sachsen, Ludwig Richter, Arthur Schopenhauer, Schiller, Ibsen, Wolfgang Amadeus Mozart, Felix Mendelssohn Bartholdy, Schostakowitsch, Dostojewski, Turgenjew, Otto Dix, Kraszewski, Martin Andersen Nexö, Stefan Zweig, Hugo Ball, Samuel Beckett, Gerhart Hauptmann, Heinrich Böll, … Stopp, es reicht mit der Litanei! Wir wollen die Grenze der Peinlichkeit nicht überschreiten.

Nur eines noch: Wenn heute Sachsen gelegentlich beklagen, dass wichtige Positionen von Deutschen aus dem Westen besetzt werden, so mag das stimmen, aber genauso stimmt auch, dass die anderen den Ruhm der Sachsen mehren.

In Hellerau beispielweise, wo Klaus Dieter Jaenicke das Europäische Zentrum der Künste Hellerau leitet. Ein Kulturmanager, 1949 in Rostock geboren, studierte Pädagogik in Hannover, war seit 2005 Generaldirektor des Weltkulturforums Rio de Janeiro. Er startete das Projekt, für Hellerau den Unesco-Welterbetitel nach Dresden zurückzuholen. Er beruft sich auf Tradition, die Werkstätten Tessenows, eines puritanischen Geistes, der 1912 das Festspielhaus im neoklassizistischen Stil schuf. Der Schweizer Tanzpädagoge und Improvisationskünstler Émile Jaques-Dalcroze richtete an diesem Ort eine moderne Tanzschule ein. In den 1930er-Jahren endete die Karriere dieses Hauses. In der DDR geriet es schnell in Vergessenheit, der Roten Armee diente es als Lazarett. Doch nach 1989 erinnerten sich Dresdener an die einstige Künstlerkolonie aus Jungbewegten, katholischen Mystikern, Rhythmikern und Sozialreformern. 1994 begann die Sanierung. Jetzt sitzt hier das Europäische Zentrum der Künste, der Tanz kehrte mit der Forsythe Company und Derevo zurück.

Wie sich Sachsens Geist mehrt? In Sachsen gründete Gret Palucca, 1902 in München geboren, 1925 ihre moderne Tanzschule, die heute Hochschule ist. Das Dresdener Schloss bauten Architekten aus der ganzen Welt wieder auf, in der Bombennacht vom 13. Februar 1945 war es in sich zusammengefallen, nur verbrannte Mauern blieben stehen. Dresdener wie Fritz Löffler und Hans Nadler retteten es vor dem endgültigen Abriss. Der Denkmalschützer Gerhard Glaser ging als Student 1946 ins zerstörte Grüne Gewölbe, um die Reste der Einbauten zu bergen, er kennzeichnete sie, lagerte sie ein. In den 1980er-Jahren begann der Wiederaufbau. In den 1990er-Jahren kam ein neuer Schlossdirektor, Dirk Syndram, er studierte Kunstgeschichte, Ägyptologie und klassische Archäologie in Hamburg, ging nach Westberlin. 1993 übernahm er die Direktion des Grünen Gewölbes, das 2006 im alten Glanz wieder eröffnete. Syndram traf Gerhard Glaser, der nach 60 Jahren die alten Einbauten restaurierte und an ihren angestammten Platz zurückbrachte. Er hatte sie ja nummeriert, er kannte jedes Einzelteil. Und Syndram holte einen Sachsen zurück, damit der als Architekt der Wettiner-Residenz eine moderne Krone aufsetzte. Peter Kulka, 1937 in Dresden geboren, 1969 aus der DDR nach Köln geflüchtet, kam und überdachte den Kleinen Schlosshof mit einer transparenten Kuppel, »ein sympathisches Signal jener Moderne, die das Schloss aus Ruinen zu neuem Glanz führt«, so schrieb es die »Frankfurter Allgemeine Zeitung«. So funktioniert Sachsen.

Noch mehr Beispiele? Ja, denn sie verdeutlichen die Symbiose aus sächsischem Geist und internationalem Zeitgeist. Dem von der Jahrhundertflut 2002 beschädigten Dresdener Hauptbahnhof setzte der britische Architekt Sir Norman Foster ein neues Dach auf, dem Militärhistorischen Museum trieb der Amerikaner Daniel Libeskind einen Pfeil in die historische Fassade, koppelte in seiner Architektur tradierte Militärideologie mit Friedensvisionen. Die im Zweiten Weltkrieg leicht zerstörte Aula und Kirche der Leipziger Universität ließ einst Walter Ulbricht sprengen. Aber in den 2000er-Jahren bauten die Sachsen in der historischen Anmutung das Paulinum wieder auf, holten sich zunächst den niederländischen Architekten Erick van Egeraat, der abgelöst wurde von jungen sächsischen Architekten, Torsten Fischer und Hagen Werner.

Das könnte als reine Nostalgie bewertet werden, aber der Sachse lässt sich seine Tradition nicht gern abschneiden, sondern möchte sie weiterführen. An der Leipziger Alma Mater hielt der Jurist Christian Thomasius, Kritiker der Hexenprozesse, Ende des 17. Jahrhunderts als einer der Ersten statt in Latein in Deutsch Vorlesungen und gab die erste Wissenschaftszeitschrift in Deutsch heraus. Hier las 1948 bis 1961 Ernst Bloch, einer der bedeutenden Denker des 20. Jahrhunderts, hier lehrten der Literaturwissenschaftler Hans Mayer, der Physiker und Nobelpreisträger Gustav Hertz, der Historiker Walter Markov, der Historiker Karl Czok, der die erste wissenschaftlich fundierte Biografie über August den Starken schrieb und mit Professoren wie Siegfried Hoyer, Reiner Groß und Werner Bramke 1989 die erste Gesamtdarstellung der Geschichte Sachsens, von der Ur- und Frühgeschichte bis zum Ende der DDR, herausgab. In Leipzig studierten nicht nur Leibniz, Bach, Goethe, Nietzsche, sondern auch Ernst Jünger, nämlich Philosophie, hier studierten Kurt Schumacher sowie Hans-Dietrich Genscher Rechtswissenschaften und Angela Merkel Physik.

Noch mehr Tradition, die bis heute reicht? Gern. Der Buchhändler und Drucker Timotheus Ritzsch, natürlich ein Sachse, gab 1650 in Leipzig die erste Tageszeitung der Welt heraus, 1843 erschien dort die erste illustrierte Zeitung, Vorgänger solcher Zeitschriften wie »Stern« oder »Spiegel«, ein Sachse schuf die »Gartenlaube«, Vorläufer moderner Illustrierter, der Begründer der ältesten deutschsprachigen politikwissenschaftlichen Zeitschrift, der »Zeitschrift für Politik«, war Sachse: Richard Schmidt. Die Sachsen erfanden spielend nebenbei in Altenburg den Skat.

Es ging dem Sachsen immer um Spaß und Bildung. Unterhaltung allein reicht nicht, es braucht Erkenntnis. Die Sachsen schufen Fürstenschulen in Grimma, in Schulpforta, in Meißen. Die Traditionen sind wiederbelebt. In Meißen am Burgberg beispielsweise entstand in den 1990er-Jahren das St.-Afra-Gymnasium des Landes Sachsen, eine Schule für Hochbegabte. Sachsen erreichte bei Pisa-Tests in allen drei Disziplinen den ersten Platz und verwies 2006 den bisherigen

Sieger Bayern auf den zweiten Rang. Deutsche Bildungswissenschaftler sprechen vom »Sächsischen Weg«, auch wenn in Sachsen immer wieder heftig darum gekämpft werden muss, dass genug Lehrer an Schulen unterrichten.

Was ist das alles? Eine Folge der geistigen Neugier der Sachsen, des unstillbaren Wissensdurstes, der die Dürre der Nazizeit überstand und ebenso den Aderlass zu Zeiten der DDR. Uwe Tellkamp, ein Sachse, zeichnete diesen Zustand in seinem Buch »Der Turm«. Die Neugier eines Sachsen treibt ihn zu erklären, wie der sächsische Geist, wie Bildungsbürgertum in einer Diktatur überlebt. Heute sind die Wunden an den Häusern saniert, überall frische Farben, nichts mehr übrig von den fragilen Gemäuern der 1980er-Jahre, wo sich oben im Turm, auf dem Weißen Hirsch, die Intelligenzia der Stadt in einer aschegrauen, aber behaglichen Melancholie eingerichtet hatte. Wer spüren möchte, in welche Gesellschaften sich heute Sachsen spaltet, der kann das hier erfahren. Auf der einen Seite neureiche Prahler, auf der anderen ein neues Bildungsbürgertum, das sich gemütlich einrichtet. Und zwischendrin die Alten, die sich manchmal wundern, wie schnell doch aus Wahrheit schon wieder Dichtung wird.

Der sächsische Geist lebt, denn die Tradition ist zu stark.[26] Der sächsischen Geister sind zu viele. Karikaturisten gehören dazu, die Zilles von heute heißen Beck oder Christine Dölle, Reiner Bach, Barbara Henniger, Rainer Schade, Uwe Krumbiegel oder Schwarwel, alles Sachsen, sie karikieren Deutschland in der Tradition des Leipzigers Thomas Theodor Heine, der bis 1933 für den »Simplicissimus« zeichnete, und natürlich von E. O. Plauen, dem Erfinder von »Vater und Sohn«, einem Sachsen. Seit 2000 vergeben die Sachsen mit der »Sächsischen Zeitung« den Deutschen Karikaturenpreis. Wie geistreich.

Noch mehr sächsische Geister? Kein Problem. Friedrich Fröbel, der Erfinder des Kindergartens, den auch Engländer so nennen, Fürst Pückler, der Erfinder des halbgefrorenen Eises. Ludwig Renn, Volker Braun, Karl Mickel und Heinz Czechowski, Reiner Kunze, B. K. Tragelehn, Wulf Kirsten, Erich Loest, Peter Gosse, Kerstin Hensel, Andreas Reimann, Durs Grünbein, Ingo Schulze, Michael Wüstefeld, Jens Wonneberger, Clemens Meyer, Jana Hensel, Peter Richter – alles sächsische Schriftsteller. Das Deutsche Literaturinstitut befindet sich in Leipzig.

Den Sachsen fehlen aber die Nobelpreisträger, sagen die Deutschen. Falsch. Der Chemiker Wilhelm Ostwald bekam 1909 den Preis, der Biophysiker und Neurophysiologe Bernard Katz, 1911 in Leipzig geboren, wurde 1970 mit dem Nobelpreis für Medizin geehrt, die Physiker Wolfgang Paul, 1913 in Lorenzkirch geboren, und Hans Georg Dehmelt, 1922 in Görlitz geboren, bekamen 1989 den Nobelpreis für Physik, der Biochemiker Günter Blobel 1999 den Nobelpreis für Medizin. Sie wuchsen in Sachsen auf, wurden hier geboren oder machten hier Karriere.

Aber fehlen nicht Oscar-Preisträger? Auch falsch. Drei fallen sofort ein: Alfred Junge, 1886 in Görlitz geboren, arbeitete als Filmarchitekt. Er bekam 1948 den Oscar in der Sparte »Art Direction – Color«. Der in Ullersdorf bei Dresden beheimatete Schauspieler Rolf Hoppe spielte Hermann Göring in »Mephisto«, der Film bekam 1982 den Oscar, der in Grimma geborene Ullrich Mühe spielte in dem Film »Das Leben der anderen«, 2007 mit einem Oscar gekrönt. Drei Oscars für Sachsen. Den ostdeutschen Oscar, die Goldene Henne, bekam Wolfgang Stumph, der berühmteste Sachse im deutschen Fernseh- und Filmgeschäft. Viermal erhielt er den Preis, immer gewählt vom Publikum, den Deutschen Filmpreis bekam er noch dazu. Er fühlt sich ausgezeichnet.

Und dann heben wir noch richtig ab: Der erste Deutsche, der ins All flog, kommt aus Sachsen: Sigmund Jähn. Der zweite deutsche Raumfahrer, Ulf Merbold, stammt aus Greiz, heute Grenzstadt zwischen Sachsen und Thüringen.

Und Mediziner? Der erste Medizinpsychologe hieß Carl Gustav Carus, ein Sachse, genau wie Hermann Hartmann, Begründer des Hartmann-Bundes, und Samuel Hahnemann, Vater der Homöopathie. Das dicke rote gotische A über allen deutschen Apotheken erfand der Freitaler Werbegrafiker Ernst Paul Weise. Heute befindet sich das wichtigste Krebsforschungszentrum Deutschlands in Sachsen. Der Direktor, Michael Baumann, bekam den prestigereichen amerikanischen »Gilbert H. Fletcher Distinguished Professor Lecture Award«. Hier forschen Wissenschaftler und fanden beispielsweise eine Methode, bereits bei der Analyse des Urins Prostatakrebs erkennen zu können. Tradition schafft Zukunft.

Naturwissenschaften, Medizin, Homöopathie, Raumfahrt ... nichts, was die Sachsen nicht interessieren würde. Und sie schreiben auf, was sie entdeckten. Sachsen und Bücher sind eins. Sie haben Leipzig zur Stadt des deutschen Buchhandels gemacht, sie schenkten den Deutschen die Verlage, die heute keiner mehr mit Sachsen in Verbindung bringt, weil sie nach dem Krieg in den Westen zogen,[27] oder jene, die in der DDR existierten und nach 1990 von Verlagen aus den alten Bundesländern aufgekauft wurden. Knaur, Köhler, Diederichs, Oldenbourg und Reclam. Reclam ist der erste und bekannteste Taschenbuch-Sachse, der Sachse Göschen tat es ihm gleich. Lange bevor andere aus dünnen Büchern dicke Geschäfte machten. Sachsen machten auch als Erste mit dicken Büchern dicke Geschäfte, mit Lexika. Brockhaus und Meyer sind Sachsen, Kürschner auch, der nicht alles, sondern nur Dichter und Professoren sammelte.[28]

Die Insel-Bücherei kennen Buchliebhaber, der Insel Verlag wurde 1901 in Leipzig gegründet, nach dem Zweiten Weltkrieg geteilt, in einen Verlag in Frankfurt am Main und einen in Leipzig. 1977 wurde der Verlag mit den Leipziger Verlagen Gustav Kiepenheuer, Dieterich'sche Verlagsbuchhandlung und dem Paul List Verlag zur Verlagsgruppe Kiepenheuer zusammengefasst, deren Direktor von 1979 bis 1990 Roland Links war. Werke von Schriftstellern wie Ricarda Huch, Hugo von Hofmannsthal, Heinrich Böll, Oscar Wilde, Arthur Rimbaud, Paul Verlaine, Christian Morgenstern oder Virginia Woolf waren in der DDR eine Zeit lang nur über die Ausgaben des Insel Verlages erhältlich. Nach 1990 kam wieder zusammen, was zusammengehörte.

Ähnlich ging es mit der Deutschen Bücherei, die der Börsenverein der deutschen Buchhändler 1912 in Leipzig gegründet hatte. 1947 entstand im geteilten Deutschland eine zweite, die Deutsche Bibliothek in Frankfurt am Main, nach 1990 gingen beide Büchereien wieder gemeinsame Wege, seit 2006 ist es die Deutsche Nationalbibliothek und der Leipziger Standort mit einem Bestand von über 17 Millionen Büchern und anderen Medien die größte Bücherei Deutschlands. Die Leipziger Buchmesse war ab dem 17. Jahrhundert der bedeutendste Umschlagplatz für Bücher in Europa. Heute ist die Leipziger Buchmesse die deutsche Publikumsmesse für Literaturfreunde schlechthin. Sachsen liest. Noch heute verlassen etwa 900 neue Buchtitel pro Jahr die Buchstadt an der Pleiße, etwa 90 Verlage existieren, aber keiner der großen mehr, sondern meistens Einzelkämpfer, die mit unglaublicher Kreativität die Tradition bewahren, aber vor allem um die Zukunft kämpfen.

Und das sächsische Theater? Sachsen sind die Erbauer des Prinzregententheaters in München und der Feste Ehrenbreitstein im preußischen Rheinland.[29] Das Theater spielte während der DDR-Jahre eine große Rolle, hier sammelte sich sächsischer Geist, hier legte der Sachse die Wahrheit zwischen die Zeilen und hielt die Klassiker wach, nahm sie zum Anlass und beim Wort, genau wie die russischen, Puschkin, Dostojewski, Gogol, Gorki. Die deutschen Dichter, Brecht, Müller und Hacks oder Christoph Hein kamen auf die Bühne, bei dem die Ritter der Tafelrunde das alte Politbüro symbolisierten und der Verfall des Landes spürbar und spruchreif wurde. An den sächsischen Theatern wie dem Dresdener traten die Künstler 1989 vor den Vorhang und erklärten, dass es so nicht weitergehen kann. In Leipzig verfassten Künstler den Aufruf wider die Gewalt. Die Revolution blieb eine friedliche. Heute existieren allein in Dresden 36 Bühnen, staatliche und private Theater.

Und Sachsen gaben und geben gern den Ton an. Auch das noch? Ja, auch das noch. Kurt Masur gehört zu den berühmtesten Dirigenten, er setzte sich einst gegen SED-Politiker durch, und die Leipziger bauten ein neues Gewandhaus für das älteste bürgerliche Konzertorchester Deutschlands, dessen Wurzeln bis ins Jahr 1479 zurückreichen. 1548 wurde in Dresden die Sächsische Staatskapelle gegründet, die Heinrich Schütz, geboren in Kursachsen, Komponist der ersten deutschen Oper, hoch lobte. Genau wie Ludwig van Beethoven, der schrieb, »dass sie die beste in Europa sey«. Carl Maria von Weber dirigierte 1817 erstmals die Staatskapelle mit einem Taktstock, der sächsische Beitrag zur deutschen Orchesterrevolution. Die Kapelle spielt heute in der Semperoper, wo großartige Sänger(innen) ihr Talent entfalten konnten und noch immer entfalten: die Sopranistin Elfriede Trötschel, geboren 1913 in Dresden, der Bariton Theo Adam, geboren 1926 in Dresden, oder René Pape, geboren 1964 in Dresden.

1870 gründeten die Bürger Dresdens dann ihr Orchester, die Dresdener Philharmonie. In Sachsen sind zwei der berühmtesten Knabenchöre beheimatet, zum einen die Thomaner, gegründet 1212, einer der ältesten noch existierenden Chöre überhaupt. Johann Sebastian Bach entfaltete als Thomaskantor sein ganzes Genie. Der zweite Knabenchor singt in der Dresdener Kreuzkirche: die Kruzianer, gegründet im Jahr 1300. Einer ihrer Schüler ist der weltbekannte Tenor Peter Schreier, geboren 1935 in Meißen, ein anderer der Komponist Udo Zimmermann, geboren 1943 in Dresden. Rudolf Mauersberger leitete ab 1931 insgesamt 40 Jahre lang den Klangkörper, brachte ihn mit geschicktem Widerstand durch die Zeit des Dritten Reiches. Mauersberger belebte den Chor kurz nach dem Zweiten Weltkrieg wieder. Die erste Kreuzchorvesper fand bereits am 4. August 1945 in der ausgebrannten Kreuzkirche statt. Zur Uraufführung kam Mauersbergers Trauermotette »Wie liegt die Stadt so wüst«, ein A-cappella-Werk, entstanden am Karfreitag und Karsamstag 1945.

Seit 1997 leitet Roderich Kreile den Kreuzchor, er kam aus München. Von 2003 bis 2010 war Gerd Uecker, ein Münchner, Intendant der Semperoper, seit 2010 war es die Münchnerin Ulrike Hessler, die leider im Juli 2012 verstarb. Sie holte den gebürtigen Berliner Christian Thielemann als Chefdirigenten der Staatskapelle nach Dresden. Davor dirigierte er als Generalmusikdirektor die Münchner Philharmoniker. Bayern mehren den Ruhm der Sachsen und rühmen sich mit Sachsen.

Sachsen veranstalten die meisten Musik-Festivals in Deutschland, in Sachsen arbeiten die meisten Klavierstimmer pro Kopf, existieren die meisten Klaviere pro Haushalt und die meisten Klaviersalons in Deutschland. Und natürlich bauen Sachsen hervorragende Klaviere, wie Blüthner in Leipzig oder Förster in Löbau. Der Pianist Friedrich Wieck war Sachse, seine Tochter Clara sowie ihr Mann Robert Schumann ebenfalls. Wilhelm Backhaus, der 70 Jahre als Pianist arbeitete, die klassische deutsche Musiktradition pflegte, allerdings keine kritische Distanz zum Hitlerregime wahrte, deshalb von Hitler hofiert wurde, war Leipziger. Das sächsische Genie versteht die Zeichen der Zeit nicht immer richtig.

In der Deutschen Demokratischen Republik und heute gehört Peter Rösel zu den großen Pianisten aus Sachsen. Hier spielt die Musik. Zu DDR-Zeiten unterhielt jede größere Kreisstadt ein Orchester, und trotz Fusionen mehrerer dieser Klangkörper seit 1990 spielen in Sachsen immer noch die meisten Berufsmusiker pro Kopf in Deutschland; das Gewandhausorchester ist das größte deutsche Orchester überhaupt. Und wen wundert es noch, dass die einzige eigenständige Operette Deutschlands die Staatsoperette Dresden ist.

Noch mehr sächsische Musik? Sie entsteht im Musikwinkel, in den Orten Markneukirchen, Erlbach, Klingenthal und Schöneck. Bis zum Zweiten Weltkrieg bildete diese Region zusammen mit Schönbach und Graslitz auf böhmischer Seite das Zentrum des deutschen Musikinstrumentenbaus. Hier bauen seit dem 17. Jahrhundert Meister Geigen, Gitarren, Zithern, Tuben, Hörner, Posaunen …, die gesamte Palette klassischer Orchesterinstrumente. Hülle des Wohllauts. Bis heute die Vollkommenheit der Handwerkskunst.

Der geistreiche Sachse zeichnet den sächsischen Geist in der Theaterkunst, der Musik und nicht zuletzt in der Malerei aus. Von Sachsen ging Johann Joachim Winckelmann nach Rom und machte den Dresdener Maler Anton Raphael Mengs zum Paradekünstler des neuen Klassizismus. Der Kunstsoziologe Karl-Siegbert Rehberg schreibt: Der Ruhm einer Stadt der bildenden Künste wie Dresden begründete auch die Königliche Kunstakademie, mehr jedoch noch die bedeutende Gemäldesammlung nach dem großen Ankauf von einhundert Werken aus der Kollektion des Herzogs Francesco III. d'Éste aus Modena im Jahr 1745. Nun hingen, zuerst im Schloss, dann im königlichen Marstall, dem heutigen Verkehrsmuseum, italienische Meisterwerke, die auch zum Kristallisationspunkt romantischer Diskurse werden konnten, etwa jener sächsischen Variante des Paragone der beiden Schlegels, die 1799 publiziert wurde. Die Kunstakademie wurde später zur Wirkstätte der Spätimpressionisten oder sozialkritischer und neu-sachlicher Malerei. Die Sachsen machten die moderne deutsche Malerei weltberühmt. Der Leipziger Max Beckmann zählte zu den bedeutenden deutschen Künstlern des 20. Jahrhunderts. Die Sachsen experimentierten expressionistisch, malten exotisch, verbündeten sich in der Künstlergruppe Brücke, der Zwickauer Max Pechstein zählte zeitweise dazu, aber vor allem der Döbelner Erich Heckel und Karl Schmidt, der sich nach dem Ort Rottluff, heute ein Stadtteil von Chemnitz, benannte. Zusammen mit dem Aschaffenburger Ernst Ludwig Kirchner, dem Liebauer Otto Mueller und Hans Emil Hansen aus Nolde in Nordschleswig, deshalb Emil Nolde, revolutionierten sie die Malerei.

Wo? In Dresden, wo sie wohlwollende Förderer fanden, Männer, die das Ungewöhnliche liebten, ihre Arbeiten als Erste kauften, sie als Erste ausstellten, den Malern Ateliers beschafften und die Expressionisten zuerst neben die Impressionisten in die Museen brachten.

In Dresden wuchsen Individualisten über sich hinaus. Hermann Glöckner entwickelte eine eigene Sprache des Konstruktivismus, der Bildhauer Wieland Förster entwarf Skulpturenrefugien, der Grafiker und Maler Max Uhlig setzte seinen Laub-Strich-Stil ungehemmt um. Theodor Rosenhauer lebte 90 Jahre in Dresden-Trachau: ein treuer Mieter, ein verlässlicher Zeitgenosse, ein vertrauter Nachbar. Ein Satz von ihm gilt als verbürgt: »Mag sein, dass ich nicht malen kann, na und, die anderen können es auch nicht.«

Andererseits: Immer wieder verließen auch Künstler die Stadt, weil ihnen der Hang zum Barock und die Engstirnigkeit der Elbtalwächter auf den Nerv ging. Einer von ihnen war A. R. Penck, den es zu Zeiten der DDR aus der Heimat trieb. Der Staatssicherheitsdienst war ihm ständig auf den Fersen. Pencks Bilder wurden beschlagnahmt, seine Mitgliedschaft im Verband Bildender Künstler der DDR (VBK) abgelehnt. Irgendwann lernte er Jörg Immendorf kennen, arbeitete mit ihm zusammen. Das half, machte ihn aber erneut verdächtig, neun Jahre vor dem Mauerfall ging er in den Westen, musste gehen, lebt heute in Dublin. In den 1990er-Jahren stellte Penck einen Phallusmann auf das Dach des Dresdener art'otels. Die moderne Kunst hat hier, nur 600 Meter vom barocken Zwinger entfernt, hoch oben einen Platz gefunden. Er blickt zurück, hofft auf die Vereinigung mit der Stadt, die noch immer moderne Kunst verschmäht wie einst die Kunsthochschule den Dresdener Ralf Winkler. Auch das gehört zum sächsischen Geist.

Dresden, wo zehn zentrale Kunstausstellungen der DDR stattfanden, forderte die Leipziger heraus. Sie entwickelten gegen die alte Residenz in den 1970er- und 1980er-Jahren eine eigenständige Ideen-Malerei, die Leipziger Schule mit Bernhard Heisig, Wolfgang Mattheuer und Werner Tübke. Ihnen folgte ab 2004 die Neue Leipziger Schule mit ihrem Star Neo Rauch. Deutsche, Amerikaner, Japaner zahlen Millionen für seine Bilder, genau wie für Bilder und Skulpturen von Georg Baselitz oder Michael Morgner. Beides Sachsen.

Die Leipziger bauten in den 2000er-Jahren unweit des Marktes ein Museum für moderne Kunst. In Dresden sanierte das Land Sachsen das Albertinum, wo Gerhard Richter, der ebenfalls die Stadt verließ, seine Lebensbilder zeigt. In Chemnitz gelang es einer großartigen Museumsleiterin, Ingrid Mössinger, die Kunstsammlungen mit Ausstellungen von

Picasso, Bob Dylan oder Malern des russischen Realismus zu einer angesagten Adresse zu etablieren. 1996 kam sie nach Chemnitz, hatte zuvor für Museen, Kunstmessen und Kunstvereine – unter anderem im australischen Sydney – gearbeitet. Da holten sich die Sachsen eine, die den Ruhm mehrt, die die Tradition verstanden hat, die aus dem sächsischen Geist Kapital schlägt.

Der rechte Sachse ist ein Linker, der linke ein Rechter, immer
Monarchist und Republikaner zugleich. Der Sachse war rot,
ist schwarz. War er braun, war er revolutionär, war er überhaupt politisch?

Der Sachse gilt schon lange als rot, erst recht in der DDR.
Doch er wählte die deutsche Sowjetrepublik ab und dann
mehrheitlich Schwarz. Aber das Rote ist nicht ausgeblichen.
Am liebsten mag er es allerdings bunt gescheckt. Dass überhaupt eine Hälfte aller Wähler in Deutschland einst rot wählte, das gab es zuerst in Sachsen. Aber die andere Hälfte tat
es eben nicht. 1990 wählten 50 Prozent CDU. Die anderen
50 Prozent wählten sie nicht. Immer ist in Sachsen die eine
Hälfte dafür und die andere dagegen. Und umgekehrt. Das ist
politische Bruchrechnung, stets mit der Lösung, mit der die
Mehrheit nicht rechnet.

»Sachsen sind schnell bei einer neuen politischen Richtung, weil sie der Verlust des Gesichts mehr schmerzt als
die Chinesen.« Das sagte der Journalist Peter von Zahn, der
wusste, was er glaubte, denn er blieb sich treu, indem er die
Seiten wechselte. Ein anderer sächsischer Peter, der Schauspieler Peter Sodann, 1936 in Meißen geboren, leitete als Student in Leipzig das Kabarett »Der Rat der Spötter«. Er trieb
den DDR-Genossen den Spott zu weit. Sie ließen ihn 1961 we-

gen »staatsfeindlicher Hetze« zu zwei Jahren Haft verurteilen. Vier Jahre musste er sich bewähren, baute später eines der spannendsten neuen Theater in Halle auf, spielte sich zu einem der beliebtesten Tatortkommissare, der Ehrlicher hieß, wie sein Programm war. 2008 trat er für die Nachfolger der einst verspotteten Genossen als PDS-Kandidat für den Posten des Bundespräsidenten an. Ein durch und durch politischer Sachse, der sich nicht festlegen lässt, der gegen den Strom schwimmt, der heute Mainstream heißt.

Er sei politisch ängstlich, der Sachse, sagen die Deutschen. Und das ist gut so. Denn Angst schärft die Sinne. Die Frage ist doch nur, wer wen beherrscht, die Angst den Menschen oder der Mensch die Angst. Angst steckt an und wird zu Mut, sagt der Plauener Künstler Dietrich Kelterer. Der Sachse sei der beste Opportunist und Jasager, sagen Deutsche. Der Sachse könne auch im Politischen nicht Nein sagen. Er sei empfänglich für alles. Braune meinten deshalb seit den 1995er-Jahren, sie könnten hier einen neuen Aufmarschplatz installieren, weil die Sachsen einst braun gewesen wären, sich bis heute nicht dagegen wehren würden und Polizei und Justiz auf dem rechten Auge blind wären. Er kann nicht Nein sagen? Nein! Die Sachsen lassen sich ihre Freiheit nicht mehr nehmen, nur sie zeigen das nicht permanent. Doch sie zeigen es im richtigen Augenblick per pedes, Hand in Hand oder sitzend als Blockade. Ziviler Ungehorsam heißt das im Neudeutschen, aber den übte der Sachse längst, deshalb auch lässt er ihn sich von niemandem verbieten. Schon gar nicht von den Braunen.

Er sagt Nein, wenn es sein muss. Wieso hätte er sonst 1989 die Revolution anzetteln sollen, dieser ach so rote Ja-Sager-Sachse? Der Nestor der sächsischen Landesgeschichte, Karlheinz Blaschke, schreibt: Als die Zeit reif war, wussten die Sachsen das Rechte zu tun und besaßen den Erfindungsreichtum, der in jeder neuen Augenblickslage notwendig war, um die Bewegung voranzubringen. Die Revolution von 1989 war eine sächsische. Wie bitte?

Ja. Wir vergessen nicht Berlin, nicht Jena oder Greifswald. Doch die Revolution begann sichtbar und massiv in sächsischen Städten. Das gilt beispielhaft für Plauen, wo am 7. Oktober, zum 40. Jahrestag der DDR, eine ganze Stadt gegen das Regime aufstand. Dietrich Kelterer sagt: »Das war eine lange Geschichte, die Jahre vor diesem Tag begann.« Das gilt für Dresden, wo die legendäre Gruppe der Zwanzig in einer zugespitzten Lage am 8. Oktober 1989 aus einer Massendemonstration heraus das Gespräch mit dem Oberbürgermeister erzwang, und für Leipzig, wo eine Gruppe um den Gewandhauskapellmeister Kurt Masur, den SED-Funktionär Roland Wötzel und den Kabarettisten Bernd-Lutz Lange in der höchst bedrohlichen Situation des 9. Oktober 1989 gegen Gewalt und für einen friedlichen Dialog eintrat und so für Entspannung sorgte. Die Polizei hatte längst den Schießbefehl erhalten. Auf alles waren die Machthaber vorbereitet, aber nicht auf das gewaltig friedliche Volk, das Montag für Montag um den Ring ging und so einen bildete. Wöchentlich wurde der Ring größer. Es blieb die erste friedliche Revolution in der Geschichte der Deutschen. Leipzig, die Heldenstadt. Der Sachse, ein Revolutionär? Ja, der Sachse wird über Nacht zum Revolutionär, schreibt Gunther Böhnke in seinem Buch »50 einfache Dinge, die Sie über Sachsen wissen sollten«.

Was sollte man wissen? Das politische Sachsentum von heute resultiert aus der sächsischen Politik der vergangenen 1000 Jahre. Die Sachsen zerstritten sich lieber selbst, als dass sie Nichtsachsen mit ihrer Energie belästigten. Die Sachsen widmeten sich lieber Träumereien als Räubereien. Die Grenze zu Böhmen veränderte der Sachse niemals. Sie ist immer eine politische Grenze der Stabilität gewesen, aber auch eine Grenze des Volkscharakters.[30] Hier zeigt sich die Friedfertigkeit des Sachsen. So blieb die Revolution von 1989 eine friedliche. Noch mal Karlheinz Blaschke: Dresden war bereits seit 1982 ein Ort jährlich wiederkehrender Friedensdemonstrationen, die im Rahmen der evangelischen Kirche zum Gedenken an die Zerstörung der Stadt am 13. Februar 1945 stattfanden. Während die SED-Propaganda dieses Ereignis zu »anti-imperialistischer« Agitation gegen die USA und Westdeutschland benutzte, ging es hier um den Frieden an sich und ohne Bedingungen, wobei unausgesprochen auch die Kritik an der Militarisierung des öffentlichen Lebens in der DDR einbezogen war. Ebenfalls im Jahre 1982 begannen in der Leipziger Nikolaikirche die regelmäßig am Montagabend stattfindenden Friedensgebete, in denen sich ein deutliches Unbehagen an der von der SED für ihre Zwecke gesteuerten Friedenspropaganda äußerte. So wurden Dresden und Leipzig zu Kristallisationspunkten für widerständiges Verhalten und Nonkonformismus. Friedliche Städte der Revolution.

Wissenswert ist auch das: Sachsen ist das Ursprungsland der lutherischen Reformation. Die Sachsen gaben den Deutschen Martin Luther, der die Kirche revolutionierte, sie gaben diesem aber zudem den Anlass für seine Revolte. Denn natürlich war es ebenfalls ein Sachse, der das Ablasswesen so perfektionierte, dass der Sachse Luther die größte Revolution am Anfang der Neuzeit entfachen konnte. Der Ablasskrämer Tetzel, geboren in Pirna, vervollkommnete den sächsischen Geschäftsgeist bis zur Perversion: Er verkaufte Eintrittskarten für den Himmel, was Luther bekanntlich missfiel.[31]

Die Bewohner des Landes sind seit der Mitte des 16. Jahrhunderts durch alle Generationen hindurch im Geiste lutherischer Weltsicht gebildet und erzogen worden und haben eine Prägung erlebt, die auch nach dem drastischen Rück-

gang der Kirchlichkeit infolge der massiven atheistischen Be-
einflussung in der DDR noch nachwirkte. Das sagt der Historiker Karlheinz Blaschke. Was sagt er noch? Die sächsische
Landeskirche vollzog die schwierige Gratwanderung zwischen Kollaboration und Konfrontation mit der Staatsmacht
eindeutiger als andere Landeskirchen in der DDR und bewahrte sich in kritischer Loyalität gegenüber dem Staat einen
Handlungsspielraum, in dem sie zum Wegbereiter der Revolution werden konnte, ohne es zu beabsichtigen. Im Jahre
1989 gab es in der DDR seit 37 Jahren keine Länder mehr, nur
die sächsische Landeskirche konnte, als territoriale Einheit
und Summe von Kirchgemeinden, als Trägerin einer sächsischen Identität angesehen werden. Das war und ist entschei-
dend.

1981 wurden in ganz Sachsen über 200 000 Aufnäher mit
dem Spruch »Schwerter zu Pflugscharen« verbreitet, von Jugendlichen, vor allem kirchlich gesinnten, demonstrativ in
der Öffentlichkeit getragen. Die Herstellung der Aufnäher
lief in den Werkstätten der Brüdergemeine im sächsischen
Herrnhut. Die Gemütlichen, wir erinnern uns, wurden ungemütlich. Die Revolution des Gemüts.

Die Sachsen wissen ziemlich gut, dass ihr Land ein ro-
ter Erbhof ist, ein Rheinländer half dabei, ihn einzurichten: der 1840 in Deutz bei Köln geborene August Bebel. Wer
half noch? Der Schlesier Lassalle. Und wo? In Leipzig. Die
deutsche Arbeiterbewegung wurde in Sachsen geboren. 1863
gründete Lassalle an der Pleiße den Allgemeinen Deutschen
Arbeiterverein, einer der Vorgänger der SPD. Karl Liebknecht, gebürtiger Sachse, war es, der aus dem deutschen Sozialismus den deutschen Kommunismus machte. In Sachsen
erschien zum ersten Mal das Zentralorgan der deutschen Sozialdemokratie, der »Vorwärts«. Alles kleine Revolutionen.

In Sachsen fielen 1903 von 23 sächsischen Wahlkreisen 22

an die Sozialdemokraten. Damals entstand das Schlagwort vom roten Sachsen, dem sie nach 1945 huldigten. Die einen flüchteten vor den Russen, die anderen erröteten vor Scham über ihre Schuld. Sie machten mit, sie zahlten Tribute, sie folgten Befehlen, sie passten sich so gut an, dass sie bald keine Befehle mehr brauchten, sie enteigneten als Erste radikal Groß- und Kleingrundbesitzer, Groß- und Kleinunternehmer, sie hofften, die sozialistische Welt sei die bessere, und gingen dafür weiter als andere, manche zu weit. Und da Sachsen das am dichtesten besiedelte Gebiet in der DDR war, kamen auch die meisten SED-Funktionäre aus Sachsen. Neben Ulbricht nur einige Namen: Hermann Axen, 1916 in Leipzig geboren, Heinz Kessler, aufgewachsen in Chemnitz, Manfred Gerlach, geboren 1928 in Leipzig. Er war zwar Chef der DDR-Liberalen, aber zugleich 30 Jahre lang stellvertretender Staatsratsvorsitzender. Hanns Eisler, geboren 1898 in Leipzig, komponierte die DDR-Hymne.

Es gab so viele unglaubliche sächsische Funktionäre, die funktionierten, dass einem nachträglich erneut angst werden kann. Auch, weil viele in das Funktionieren hineingeboren wurden und das Fragen verlernten. Wenn in einem Land nicht mal mehr Fragen erlaubt sind, dann erlaubt sich die Frage, ob man dieses Land nicht infrage stellen muss.

Aber das war eben nur die eine Hälfte, die so funktionierte, die andere gab es auch noch, und die stellte Fragen. 1953 ging sie auf die Straße, versuchte eine Revolution, deren Scheitern sie für Jahre niederschlug, aber unvergessen blieb. Sie blieben bürgerlich, behielten ihre zivile Gesinnung, ihre liberale Grundhaltung, ihre Toleranz, ihr Kulturbewusstsein. Die gespaltene Zunge gehörte in der DDR zu den Sinnesorganen eines politischen Sachsen, der ebenfalls gespalten war. Opportunistischer Revolutionär und revolutionärer Opportunist, dem die Freiheit fehlte: die Meinungs-, Wahl-, Demonstrations- und Reisefreiheit. Dass der Sachse die in der DDR einbüßte, war einer der wichtigsten Gründe für die Revolution. Immer an die Ostsee fahren ist auch keine Lösung. Und hinterm Ural ist es viel zu kalt. Obwohl er auch dorthin reiste. Illegal.

Der Wunsch, mal in den Westen nieborzumachn, stand an erster Stelle. Niebormachn ist in seiner sprachlichen Bedeutung unverkennbar sächsisch, aber in seiner politischen Doppeldeutung zeitlich klar auf die Zeit zwischen Bau und Fall der Mauer beschränkt. Nach 20 Jahren Grenzöffnung muss es den Deutschen endlich erklärt werden. Diese Vokabel ist historisch, und es sollte ihr ein Sprachmal errichtet werden. Nur Reisekader sagten im Kaderwelsch, man werde in die BRD reisen. Der normale Sachse dagegen benutzte bedacht das unbestimmte Verb machn, weil dieser private Vorgang mehrdeutig und ungewiss war. Keiner konnte wissen, wann er niebormachn konnte und was geschah, wenn er nieborgemacht hatte. Neben den vielen Wortbedeutungen, wie bauen, herstellen, erzeugen, hervorbringen, bearbeiten oder zubereiten, hat machn im Dialekt seine ganz eigenen Bedeutungsnuancen entwickelt. Denn wenn zum Beispiel plötzlich klar war, dass einer niebormachn konnte, dann musste er hinmachn, nämlich sich beeilen. Mache du hin heißt beeile dich. Kombiniert mit Präfixen kann der Mensch ab-, auf-, aus-, ein- oder zumachen. Man kann sächsisch auch heeme-, weg- oder indn Urloob machn.

»Der Sachse liebt das Reisen sehr«, sangen deshalb die Sachsen bis zum Mauerfall als ihre Nationalhymne. Der Autor Jürgen Hart konnte sich von den Tantiemen ein Haus kaufen. So stark spürten die Sachsen die Reiselust, dass sie das Lied immer wieder hörten. Der Sachse reist, um die Welt zu genießen und sie besser zu finden, um dann seine Welt daheeme am schönsten zu finden. Im Film »Go Trabi go« zeigte

Wolfgang Stumph mit seiner Kleinfamilie eine Italien-Reise. Ein genialer Streifen, denn als Reiseführer nahm er nicht Marco Polo, sondern Goethe, fragte sich durch die Fremde, um Fremde kennenzulernen. Er wäre gern überall geblieben, hätte er nicht zu Hause Blumen gießen, die Katze füttern und den Ausblick genießen müssen. Der Amerikaner singt: My Way. Der Sachse singt: Heimweh.

Den Sachsen begreift, wer die Tradition des Sachsen als seine DNA versteht, wer sein kulturelles Gedächtnis erkennt. »Mir lassn uns nich für dumm forkoofen«, sagt der Sachse mit Humor und meint es ernst. Wenn ihm einer auf den Geist geht, geht er dem auf den Geist. Die Sachsen waren wieder die Radikalsten, die Revolution als Umwälzung verstanden, die nach 1989 aufräumten mit den Altfunktionären und Mielke-Jüngern. Wenn schon Revolution, dann gründlich. Deshalb sagt der Sachse auch nicht gern Wende, sondern Kehre. Das verkündete Uwe Steimle schon 1990 in einem seiner Programme. Denn nur wer kehrtmacht, geht unverhofft andersrum. Wer sich wendet, der ändert nur kurzfristig die Richtung, weil er gegen den Wind segeln muss. Sein Kurs ändert sich aber nur scheinbar, der Zielhafen bleibt derselbe. Helmut Kohl sprach 1982 beim Regierungswechsel von einer Wende, einer geistig-moralischen. Die Geschichte endete mit seinem Ehrenwort. Egon Krenz wollte im Oktober 1989 die Wende einleiten, um die »politisch-ideologische Offensive wieder zu erlangen«. Seine Geschichte endete. Und was kam nach der Kehre? Der Kehraus.

Während Leipzig als Stadt der Revolution in die Geschichte einging, bleibt Dresden als Stadt der deutschen Einheit im Gedächtnis. Hier hielt Helmut Kohl 1989 seine legendäre Rede vor der Ruine der zerstörten Frauenkirche und sprach überwältigt vom Haus Deutschland in Europa. Die Frauenkirche bauten die Sachsen wieder auf, mit Spenden aus ganz

Deutschland, England, Amerika. Sie ist ein Gotteshaus der Versöhnung. Auch eine kleine Revolution.

Den ersten Schritt auf dem Weg zur Einheit gingen übrigens ebenfalls Sachsen. Und zwar in den 1960er-Jahren. Das weiß nur keiner mehr. Damals wurde in Berlin über die Passierscheine zwischen Ost und West verhandelt. Es ging darum, wie Westberliner durch die Mauer nach Ostberlin reisen durften. Die Berliner Angelegenheit wurde von Sachsen verhandelt. Auf beiden Seiten. Der Zonensekretär auf der Ostseite war Erich Wendt, 1902 in Leipzig geboren, der Senatsrat auf der Westseite war ein Obersachse, Horst Kober, geboren 1927 in Stadtroda, heute Thüringen. Gibt es noch mehr Bundespolitiker aus Sachsen? Das SPD-Urgestein Herbert Wehner, geboren 1906 in Dresden, FDP-Politiker Wolfgang Mischnick, geboren 1921 in Dresden, der einstige Bundesverfassungsrichter Gerhard Heiland, geboren 1894 in Leipzig, FDP-Bundesinnenminister Gerhard Baum, geboren 1932 in Dresden. Im Westen haben diese Sachsen aufgemuckt gegen die Einheitsignoranz. Sie haben es geschafft, es kam endlich zusammen, was zusammengehörte.

Ist dies das Ende der sächsischen Geschichte? Nie und nimmer. Die gesamtdeutsche Linke führt seit Mitte 2012 Katja Kipping, eine Rote, geboren 1978 in Dresden. Seit 2008 regiert nach zwei Importen aus Deutschland ein sächsischer CDU-Ministerpräsident die Sachsen, Stanislaw Tillich, ein Sorbe, geboren 1959 in Neudörfel bei Kamenz. Dresden ist die geburtenreichste Stadt Deutschlands, auch nach Leipzig ziehen mehr Menschen hin als weg, Chemnitz versteht es, sich als Stadt der Moderne modern zu verkaufen. Nur auf dem flachen Land wird es immer schwieriger, weil von hier vor allem junge Leute wegzogen, um anderswo Arbeit zu finden.

Die große Euphorie des Aufbaus ist vorbei, die harte Zeit des Umbruchs hinterließ Wunden, weil es so unglaublich viele Enttäuschungen gab. Alles hat sich geändert, und so vieles ist gleich geblieben. Jetzt beginnen die Mühen der Ebenen, die viel schwieriger zu begehen sind. Es ist mal wieder Zeit für eine kleine Revolution. Natürlich, die Sachsen lassen sich nach wie vor nicht alles gefallen, weil sie sonst fallen. City-Tunnel in Leipzig, Waldschlößchenbrücke in Dresden, da gibt es Aufstand, da gibt es Unruhe, weil Volksvermögen verschleudert wird. Es ist mal wieder Zeit für eine kleine Revolution. Natürlich, weil die Sachsen noch immer weniger Lohn bekommen, als sie verdienen, weil immer noch zu wenig Sachsen in den Positionen sind, wo sie hingehören, weil die Gleichgültigkeit die Anteilnahme übersteigt, weil Braune sich in die Mitte der Sachsen schleichen. Revolution? Ja, weil Spekulanten die Landesbank der Sachsen in Irland verspekulierten, weil Sachsen für dumm verkauft werden, weil in einem Park wie dem Pillnitzer, den die Bürger jahrhundertelang frei besuchen durften, jetzt Eintritt zu zahlen ist. Die Sachsen wurden nicht gefragt, sie haben etwas gesagt, aber wurden nicht gehört. Das empört. Empört euch, Sachsen!

Der deutsche Sachse, ä Nachdradsch

Sächsische Patrioten: Oh, gäbe es noch mehr davon! So beendete Dieter Wildt sein Buch »Deutschland, deine Sachsen«. Sächsischer Patriotismus – das heißt, stolz auf dieses Land zu sein, in dem es keine Großstädte gibt, aber städtische Größe, wo es niemals Deutschlands größte Seen gab, aber jetzt in der Lausitz die größte Seenplatte Deutschlands entsteht, wo aus Ruinen ein Land auferstand, dessen Menschen durch Täler der Tränen gingen, schmerzliche Erfahrungen machten, aber sich immer wieder, immer wieder und immer wieder aufrappelten. Wir fügen hinzu: Ja, verdammt, darauf können die Sachsen verdammt stolz sein. Und die Deutschen auf ihre Sachsen.

Ein Schuss Patriotismus täte allen Sachsen gut. Nicht Chauvinismus, nicht Nationalismus, sondern schlichter Stolz auf die Patria, aufs Vaterland.[32] Das klingt wie aus der Mottenkiste des Heimatkundeunterrichts, aber muss es deshalb falsch sein? Immer wieder musste der Sachse Prügel einstecken und wurde so zum Prügelknaben der Nation, bis er sich selbst fast nichts mehr zutraute. Fast. Wer heute durch Dresden, Meißen, Pirna, Görlitz, wer durch Leipzig, Grimma, durch Mittweida, Aue oder Chemnitz geht, der sieht ein strahlendes, ein wachsendes, ein unglaublich schönes Land.

Dieter Wildt läuft im Juli 2012 durch Dresden und sagt: »Es

ist alles so neu hier, aber es fühlt sich echt an.« Eine unglaubliche Geschichte. Wir besuchen ihn zu Hause in München. Als wir ihn erstmals anriefen, sagte er: »Auf Ihren Anruf habe ich gewartet. Irgendwann nach 1989 musste ein Sachse mich anrufen, habe ich immer gedacht und gehofft. Mich wundert nur, dass es so lange gedauert hat.« Wir sprechen mit ihm über sein Buch, das er vor 50 Jahren schrieb. Er steigt die Treppe nach oben zu seinem Schreibtisch. Der steht in der Galerie seiner Wohnung mit Blick über die Dächer Münchens. Ein Feldherrnhügel für einen Schreibtischtäter. Den Tisch kurbelt er hoch wie eine Hubbühne. Wer sitzend arbeitet, verkümmert, sagt der lange Kerl, der aufrecht hinter seiner Schreibbank steht. Ein Preuße.

Preuße zu sein, darauf besteht der im Jahr 1928 in Magdeburg, damals Hauptstadt der Provinz Sachsen, der preußischen Provinz, geborene Dieter Wildt. Geboren wurde er zehn Jahre nachdem der letzte sächsische König seine Untertanen den Dreck alleene machen ließ. Wildt begann mit 19 als Redakteur bei der »Neuen Zeitung«, einem Blatt für die amerikanisch besetzten Teile Deutschlands. Die Stadt verließ er kurz vor dem Mauerbau in Richtung Köln, ging später nach Bayern, wo er seit 40 Jahren lebt. Vor einem halben Jahrhundert schrieb der Journalist also sein erstes Buch und konnte selbst nicht so recht glauben, was er damit in die Welt gesetzt hatte. Der Rowohlt-Verlag meldete damals einen Bestseller: »Deutschland, deine Sachsen«. Der Band, der heute nur noch in Antiquariaten zu finden ist, galt einst als Bibel für alle, die die Sachsen verstehen wollten. Im Westen wurde es tausendfach gelesen, im Osten besaß es, wer einen kannte, der es ihm nach Hause schmuggelte, denn auch die Sachsen in Sachsen wollten sich besser verstehen.

Zu jenen Zeiten, als das Buch entstand, kamen viele dieser unbekannten Wesen nach Hessen, Bayern oder Rheinland-Pfalz, sie erzählten von ihrem Sachsen und passten sich dem Westen an. Und als die Mauer 40 Jahre später fiel, wussten die Hessen, Bayern und Rheinländer nichts mehr, weil sie die Überlebenden des russisch besetzten Sachsens längst abgeschrieben hatten. Nicht alle. Der Rheinländer und bereits 2007 verstorbene Ex-Wirtschaftsminister Kajo Schommer las das Buch beispielsweise, um zu begreifen, mit wem er nach 1990 da plötzlich zusammenarbeiten sollte. Angeblich studierte es auch Kurt Biedenkopf. Wildts respektlose Liebeserklärung steht ebenso in vielen sächsischen Bücherschränken und galt lange als neuer Sachsenspiegel. Kabarettisten wie Bernd-Lutz Lange oder Gunter Böhnke griffen in ihren Programmen darauf zurück, bei Rolf Hoppe hat es einen Ehrenplatz in seiner Bibliothek.

Der Autor gesteht nach 50 Jahren, dass er von den Sachsen im einstigen Königreich nur wenig wusste. Bevor er sich damals an die Schreibmaschine setzte, hatte er sich exakt eine halbe Stunde in dem Land aufgehalten. Das war 1943, als er mit einer Gruppe Pimpfe in ein Jugendlager nach Mähren fuhr und auf dem Dresdener Hauptbahnhof umsteigen musste. Sie sangen »Goody, Goody«, die Stadt sah er nicht. Alles, was er aufschrieb, erfuhr er von den sächsischen Emigranten, recherchierte er bei den Landsmannschaften.

Wildt gibt zu, dass er nach einem einfachen Prinzip arbeitete: »Rufen Sie kühne Behauptungen in die Welt. Solange keiner widerspricht, gelten sie als wahr.« Seinen Sachsen-Thesen widersprach bis heute keiner, schließlich schmierte er dem Volk kiloweise Honig ums Maul. Der Herausgeber des »Rheinischen Merkurs« hatte ihn 1961 aufgefordert, eine Serie zu erfinden, die der katholisch geprägten Zeitung neue Leser bringen sollte. »Wir brauchen Protestanten«, sagte der damalige Verleger Otto B. Roegele. Wildt wusste, woher sie kamen, seine Frau war Sächsin. Massenhaft strömten in jenen Jahren Menschen aus der jungen DDR in den Westen. »Die klügsten Leute liefen über, fischelant, unglaublich gebildet, stilvoll. Sie hatten nichts außer ihrer Intelligenz und ihrem unbändigen Ehrgeiz«, sagt Wildt. Für die sächsischen Flüchtlinge begann er eine Serie zu schreiben. Sie sollten sich in der Zeitung wiederfinden. Die Beiträge wurden nachher in dem Buch »Deutschland, deine Sachsen« zusammengefasst und erweitert.

Er hörte den Exilanten genau zu, hörte vom Stolz der Sachsen, die vor allem von unternehmerischen Großtaten der Vergangenheit zehrten. Jene Nylonstrumpfhosen zum Beispiel, die plötzlich im Wirtschaftswunderland Furore machten, von Frauen in Ostberlin oder Dresden lange ersehnt, brachten sächsische Ingenieure nach 1945 mit. Sie bauten unter anderem in Bayern eine Industrie auf, die aus dem Alpenvorland hinterwäldlerischer Bauern eine Wirtschaftsmacht formte. »Der Münchner Aufstieg begründet sich allein auf dem Eisernen Vorhang«, sagt Wildt.

Wildt trug sämtliche Klischees über die Gemütlichkeit, den Witz und die Komplexe der Sachsen zusammen, er schrieb über die Rache der Sachsen an der preußischen Vorherrschaft. Zwischen den Zeilen behauptete Wildt, dass der Sachse mit seiner Anpassungsgabe vor allem auf den eigenen Vorteil achte, ein Opportunist sei, der nicht weit entfernt wäre von der jüdischen Mentalität. Heeflich, helle, heemticksch. »Trauen Sie sich, das aufzuschreiben«, sagt er uns. »Geben Sie dem Sachsen seinen Stolz zurück, geben Sie Ihrem Sachsen Zucker.« So ist Wildt, er lässt den Stolz nicht für sich stehen, er muss immer noch einen nachschieben.

Hinter Wildts Schreibtisch hängt eine 400 Jahre alte sächsische Landkarte. Sie zeigt das Land mächtig groß, etwa wie das heutige Sendegebiet des Mitteldeutschen Rundfunks. »Machen Sie Sachsen groß, lassen Sie sich nicht kleinkriegen von den kleinlichen Kleinbürgern, sondern integrieren Sie Thüringen und Sachsen-Anhalt in Sachsen. Fusionieren Sie. Das muss die nächste Verwaltungsreform bringen«, sagt Dieter Wildt und lächelt, als wüsste er mehr. »Ja, machen Sie Sachsen groß.« Wir zögern. »Zögern Sie nicht«, sagt Wildt. »Ich würde das Buch heute anders schreiben, aber ich mag nicht mehr. Schreiben Sie es anders, zögern Sie nicht.«

Die Sachsen haben den Journalisten Wildt im Westen groß gemacht, denn nachdem er das Buch veröffentlichte, eine Auflage nach der anderen gedruckt wurde, bekam er die besten Jobs in der bundesdeutschen Zeitungswelt, arbeitete nicht nur beim »Rheinischen Merkur«, sondern auch für den »Tagesspiegel«, für »Bild«, den »Kölner Stadt-Anzeiger«, er war Blattmacher und Vize in den Chefredaktionen verschiedener Illustrierten wie »Quick«, »Revue«, »Constanze«.

Wildt hatte immer vor, lange zu leben. Er wollte seine Heimat wiedersehen. Denn die Grenze Richtung Osten durfte er nach dem Mauerbau nicht mehr überschreiten. Ihm, dem in Magdeburg Geborenen, verwehrten die Erbauer des Eisernen Vorhangs den Zutritt in die DDR. »Die Kommunisten nahmen mir die Heimat«, sagt er. Deshalb frohlockte er, als die Deutschen sich 1990 wieder vereinigten. »Diese Revolution ging vom Volke aus und fegte die Kommunisten weg. Eine Genugtuung für alle Menschen meiner Generation«, sagt Wildt. Als er Helmut Kohl vor der Dresdener Frauenkirche reden hörte und im Fernsehen sah, wie die Menschen weiß-grüne Flaggen schwenkten, da habe er gewusst, die Sachsen kommen zurück. Es sei ja auch ein Sachse gewesen, der zur Sondersitzung des Deutschen Bundestages anlässlich der Maueröffnung am 9. November 1989 sprach und die DDR-Bürger aufforderte, in ihrer Heimat, in Sachsen zu bleiben und das Land aufzubauen: der inzwischen verstorbene Chef der FDP-Bundestagsfraktion Wolfgang Mischnick, 1921 in

Dresden geboren. »Das kann kein Zufall sein«, sagt Dieter Wildt.

Das Ende der DDR habe er kommen sehen, als Staatschef Erich Honecker für den Bau eines neuen Trabant-Motors einen Vertrag mit dem VW-Werk unterschrieb. »Das müssen Sie sich vorstellen: Die Sachsen bauten immer die besten Motoren, in Zwickau befand sich die Wiege der deutschen Automobilindustrie, und der Honecker kauft Motoren aus Wolfsburg, wo bis vor dem Krieg höchstens Kühe mobil waren. Was für eine Demütigung für den Erfindergeist der Sachsen«, sagt Wildt und redet immer schneller. Er sagt, die Sachsen sollten heute ihre Angst bändigen, sie könnten darauf stolz sein, wenn Leute wie der Dirigent Thielemann lieber in Dresden statt in München arbeiten wollen. Sachsen müsse sich entwickeln wie Bayern nach dem Krieg. »Bauen Sie Ihre Industrie wieder auf«, sagt der alte Preuße, und es klingt ein bisschen wie Nachhilfeunterricht für Förderschüler. Aber wir hören ihm zu und wissen längst, was wir tun wollen.

Wildt kennt den aktuellen sächsischen Ministerpräsidenten nicht, aber genau das mache ihn stutzig. Er höre nichts von ihm, weil er offensichtlich nur verwalte, was die Sachsen schufen und schaffen. Wo sind denn die Visionen des Politikers? Eine gute Haushaltsbilanz allein reiche nicht, um ein Land nach vorn zu treiben. Die Tradition gebe so viel Zukunft, dass es gar nicht schwer sei, zu wissen, was Sachsen ist und was es vorwärts bringt.

Das Buch blieb Wildts einziges Werk über die Sachsen. Er schrieb noch über die Preußen, die Beamten und die deutschen Senioren, aber keines seiner Werke war so erfolgreich wie das Sachsenbuch. Zum Schluss gibt Wildt zu, dass der Leipziger Schriftsteller und Dramatiker Hans Reimann sein Werk heftig kritisierte. Wir können ihn nicht mehr fragen, er starb 1969. Wildt selbst schreibt nicht mehr. »Mir ging die

Frechheit verloren. Das ist das Alter. Machen Sie weiter«, sagt er noch einmal und lächelt, als wüsste er mehr. »Machen Sie was draus!« Wir nehmen ihn beim Wort, zitieren ihn, schreiben, was wir, was Sachsen fühlen, denken, hoffen. So entstand ein neues Buch, er gab den Anstoß. Danke.

Die Deutschen täten gut daran, mit ihren Sachsen toleranter umzugehen, sagt Wildt noch. Sie sollten ihnen endlich wieder ein bisschen Selbstwertgefühl zugestehen. Und dann sagt er etwas, was der Sachse selbst nie sagen würde, aber andere sagen und sie darüber nachdenken lässt: Sind die Sachsen nicht die echtesten Deutschen? Haben sie nicht lange vor den nichtsächsischen Deutschen versucht, durch Fleiß und Tüchtigkeit, durch Intelligenz und Erfindungsreichtum Ansehen zu gewinnen, nach 1945 und erst recht 1989 und ganz bestimmt danach? Sie haben nach dem Krieg verloren, aber die Revolution gewonnen. Die Deutschen im Westen hatten alle Chancen nach dem Zweiten Weltkrieg und orientierten sich nach Süden, nach Italien, Frankreich, Spanien, England. Die Sachsen blieben, wo sie waren, und bringen so Werte in die gesamtdeutsche Gesellschaft, die schon vergessen waren. Es lohnt sich, darüber nachzudenken: Sachsen, das sind Deutsche hoch zwei.

Sind wir das, wollen wir das sein? Am liebsten sind wir sächsische Deutsche, deutsche Sachsen mitten in Europa, humanistisch, friedlich, voller Kultur, Visionen und Hoffnungen. Wir sind, wie wir sind. Das sächsische Panorama ist so schön, dass wir ihm schon wieder nicht trauen und den Sachsen dahinter suchen. So schön war es nie, dass man nur der Schönheit trauen kann. Wir können nicht mit und niemals ohne Sachsen sein, aber vor allem nicht ohne. Wir zelebrieren Kalauer, lächeln uns vorwärts im Land der Ahnung und ahnen, dass wir immer die Suppe auslöffeln müssen, die wir uns und die uns unsere Schuldiger eingebrockt haben. Schuld sind nie nur die anderen. Sachsen, du kannst so schrecklich schön sein, so schön schrecklich, ein lebender Widerspruch im so widersprüchlichen Leben. Oh, gäbe es mehr davon, wir kämen davon, wir könnten die Liebe erträglicher werden lassen.

Haben Sie es gemerkt? Die Sachsen entdecken den Sachsen wieder. Jedenfalls können sie ihn nicht mehr ignorieren. Denn er existiert, der Sachse, ja er lebt. Immer noch.

**Neue
Sachsen-
hymne**

Nach der Melodie von Rossinis »Die diebische Elster«

In Sachsen sind wir geboren,
als Sachsen sind wir verschworen,
Kopf hoch und Glück auf,
weil wir Sachsen sind!
Weiß-grün weht die Fahne im Wind.

Der Sachse ist flink und helle,
mit gutem Rat stets zur Stelle.
Er hängt mit viel Gefühl und Verstand
am sächsischen Vaterland.

Schon Bach, Wagner und Telemann
waren von dieser Gegend angetan,
auch Goethe, Schiller und Adam Ries
sich inspirieren ließ.

Ja sächsisch, das wollen wir geloben,
wollen reden, auch wenn andere toben.
Wir hängen mit viel Gefühl und Verstand
am sächsischen Vaterland.[33]

Kolumnen

Nubber macht Mengenke

Es klingelte. Ich öffnete die Tür. Dort stand eine Gestalt, eingehüllt in einen Wollberg von Mantel, vor dem Mund einen Schal, über der Stirn eine Mütze. Die Gestalt begann zu sprechen: »Ich will dein Boom lobn, musst mich aber ersch ma neinlassen.« Lobe sind immer willkommen, dachte ich, aber wer mochte wohl in dem Wollberg stecken? Die Gestalt sagte: »Na, ich bins, dei Nubber.«

Ich kannte keinen Nubber, schon gar nicht meinen. Da nahm Nubber auch schon die Mütze ab, enthüllte sein Gesicht. Es hatte zwei Wangen, rot wie Feuerlöscher, die Nase färbte sich blau, und aus dem Mund strömte ein Geruch von sieben Fässern Schnaps. Nubber schwankte in die Stube, fiel dort vor dem Weihnachtsbaum auf die Knie und rief: »Das is dorr schönste Boom, dänsch je gesehn hab, bomfordsionös. Dieses Grien dorr Nadeln grient so grient ooch wenns in Spanien schneit.«

Er stand wieder auf, drehte sich zu mir und sprach: »Nubber, mach keene Mengenke, rück raus dä Gedränke.« Kaum hatte er das letzte Wort ausgelallt, setzte er sich auf mein Sofa, kippte zur Seite und schloss die Augen. Ich schaute in das rotblaue Gesicht der Gestalt und erkannte in dem schnarchenden Spirituosenwollberg eine gewisse Ähnlichkeit mit meinem Nachbarn. Da klingelte es erneut. Ich öffnete die Tür. Dort stand meine Nachbarin, ihr Mund zitterte, auf ihrer

Stirn stand Schweiß. Sie begann zu sprechen: »Ham Se mei Mann gesehn?« Ich zeigte auf das Sofa. Sie identifizierte die Schnapsleiche sofort als ihren Gatten. »Ja, das isser«, sagte sie und begann mich über ihn aufzuklären.

Ein Freund aus Bayern sei am zweiten Weihnachtsfeiertag zu Besuch gekommen und habe einen Brauch mitgebracht, das Baumloben. Das geht so: Nachbarn besuchen Nachbarn, loben deren Weihnachtsbäume und bekommen dafür einen Dankesschnaps. Den Importbrauch fand ihr Gatte deshalb großartig, stiefelte mit dem Bayern los und verabschiedete sich mit den Worten: »Machs gut, meine Gudste, mir gehn jetze nubbern.«

Das sächsische Verb nubbern beschreibt vor allem in der Lausitz den Besuch des Nachbarn, um mit ihm ein Schwätzchen zu halten. Das kommt alle Tage vor, die Bayern brauchen dafür offensichtlich einen größeren Anlass. Der Nubber ist demzufolge der Nachbar, nur eben mundartlich abgeschliffen. Das Wort entstand in Sachsen ursprünglich im 14. Jahrhundert aus der Wendung des in der Nähe wohnenden Bauern. Im Niederländischen hören wir das deutlicher, da heißt der Nachbar nabuur und im Englischen neighbour. Heute sorgt der für das Überleben von Palmen und Haustieren aller Art sowie für die Paketannahme.

Im Moment war es die Nachbarin, dä Nubberschfrooe, die meine Nähe suchte, denn ihre Gefühle befanden sich angesichts des schnarchenden Promillegatten in einer merkwürdigen Gemengelage. Sie war durcheinander, wobei wir bei dem von meinem Nachbarn benutzten Wort Mengenke angelangt wären. Im Sächsischen hat es neben Durcheinander zudem die Bedeutung des Aufhebens, von dem man möglichst nicht so viel machen soll, und des unnötigen, weitschweifigen Geredes, das kaum einer erträgt.

Plötzlich klingelte es wieder. Der Nachbar wachte auf,

die Nachbarin rannte zur Tür, öffnete. Da stand ein Mann, der Saum seines Lodenmantels schleifte auf dem Fußboden. »Grüß Gott, da seids ja«, sagte der Bayer. Ich holte aus der Vorratskammer einen Altbestand von Wermutwein, verschenkte ihn, noch bevor der meinen Baum loben konnte, an den Freund aus dem Nachbarland und schickte die Bagahsche nach Heeme. Dann zog ich den Draht aus der Klingel, ging in die Stube, betrachtete den Baum. Er sah wirklich bomfordsionös aus.

Sie sin wärklisch närrsch

Meine Nachbarin erzählte mir kürzlich, dass sie jetzt auf Fleisch, Alkohol und Kaffee verzichte. Eines Tages traf ich sie im Hundenetto, und sie kaufte einen Kasten Bier, ein Kilo eingelegtes Fleisch, drei Packungen Würstchen und einen dieser Einweggrills. Ich fragte: »Na, Sie haben die Diät wohl aufgegeben.« Sie sagte: »Escha. Das is dorr Gamel, der mich treibt.« Da waren sie wieder, meine zwei Probleme, die Nachbarin und ihr Vokabular.

Ihrem Gamel, also ihrem Heißhunger, sollte ich besser entweichen, aber wie dieses »Escha« über ihre Lippen kam, das hatte einen unaussprechlichen Reiz. Ich fragte: »Sagen Sie öfter escha?« Sie sagte: »Escha!« Genau genommen ist escha eine zusammengesetzte Verneinung aus e und ja, also e-ja. Und die benutzt der Sachse, wenn er etwas ablehnt oder betont negiert. Hilfe bietet diese Sprachform, wenn einer den anderen nicht verletzen will, denn ein Nein kann hart sein. Ein Escha ist weich, liebenswürdig und lässt ein bisschen Hoffnung. Meine Nachbarin sagte: »Isch setze mich jetze mit mei Mann ganz geflecht off dä Lodschia, mache off dem Grill

die Brädel heeß und süffl ä Bierchen. Wolln Se ooch eens?«
Ich lehnte dankend ab. Sie schüttelte den Kopf. Ich ahnte,
dass sie dachte, ich sei ein verdammter Streber, würde meinen Gamel mit größter Willenskraft bekämpfen, aber sie sagte: »Sie sin wärklisch närrsch.«

Das schöne Wörtchen närrsch hatte ich lange nicht gehört, ich freute mich wie närrsch darüber. Es war für mich
ein schönes Wortgeschenk, denn närrsch klingt wunderbar
und ist vielseitig einsetzbar. Wenn der Sachse sagt, du bist
wo närrsch, dann meint er, dass einer verrückt oder irgendwie komisch ist. Und wenn sich einer wie närrsch freut, dann
freut er sich wie verrückt, kann dabei allerdings reichlich komisch wirken.

Der Sachse nutzt das Wort auch, um seine Verwunderung
zum Ausdruck zu bringen, zum Beispiel wenn er zu seiner
Frau sagt, was er besser zu seiner Frau nicht sagen sollte:
»Du hast aber ä närrsches Kleid an.« Deutsch: Du hast aber
ein komisches Kleid an. Oder: »Die Suppe schmeckt aber
närrsch.« Dann weiß der Sachse nicht so recht, ob die Suppe nun schmeckt oder nicht, aber irgendetwas stimmt mit ihr
nicht. Es kann passieren, dass es einem nach dem Genuss des
Lebensmittels ganz närrsch im Wanste rumgeht. Stets drückt
das Wort eine negative Abweichung vom allgemeinen Norm-
bewusstsein aus.

Ich wollte mich verabschieden, aber meine Nachbarin
deebste neben mir rum. Das heißt, sie stand mit ihrer ganzen
Unruhe neben dem Bierkasten, wollte etwas sagen, aber traute sich nicht. Ich fragte sie, ob sie noch etwas sagen wolle. Sie
sagte: »Escha.« Aber plötzlich setzte sie ihren Einkaufskorb
auf den Boden und sprach: »Wissen Se, was ich manschma
denke? Ich denke manschma, dass ich mit mei Einkomm ni
auskomm un mir deshalb meine Nachkomm dummkomm.«
Ich sagte: »Das kann vorkomm. Aber dä Hauptsache is doch,

dass mir irschendewie durchkomm.« Sie nickte, und ich wurde das närrsche Gefühl nicht los, dass wir uns in diesem Augenblick sehr nah waren.

Wir gingen aus dem Hundenetto raus, stellten uns vor die Tür. Sie öffnete zwei Flaschen Bier, reichte mir eine und sagte: »Prost Gusche, es kommt ä Wolkenbruch.« Ich zögerte, denn noch nie in meinem Leben stand ich mit einer Frau und einer Flasche Bier vor einem Supermarkt, um anzustoßen. Ich fragte: »Finden Sie das ni bissl närrsch?« Sie lachte und sagte: »Escha!«

Agro und igno und so

Früh halb zwei klingelte es an meiner Wohnungstür. Noch vor wenigen Jahren wäre ich fit wie ein Turnschuh aufgesprungen, um meinen nächtlichen Gast zu empfangen. Neuerdings schlafe ich um diese Zeit. Ich stelle fest, dass mein Ruhebedürfnis mit zunehmendem Alter steigt. Eine durchwachte Nacht, und ich bin drei Tage unleidlich wie ein nasser Waschlappen nach dem Auswringen.

Genau so sah jene Person aus, die jetzt halb zwei vor meiner Tür stand und sagte: »Sorry, aber meine Alte is voll aggro und so, da wollt ich dich fragen, ob ich bei dir bleiben kann, ehey. Das wär echt endgeil.« Kurzes Verharren meinerseits, denn ich befand mich plötzlich im Zwiespalt zwischen mitleidiger Hinwendung und pädagogischer Abwendung. Das Nachtschattengewächs, das da vor mir stand, war höchstens 13 Jahre, stank wie 1,3 Promille, und von seinem Gesicht tropfte Schminke, die für Lady Gaga einen Monat gereicht hätte. Das Mitleid in mir siegte, und ich fragte: »Wer bist du?« Sie sagte: »Ich bin die Lola und so, die Tochter von deiner Nachbarin. Normalerweise ist die voll gechillt, aber heute disst die mich nur und so, voll hardcore.«

Ganz ruhig bleiben, dachte ich, überlegte, ob ich künftig nachts doch wieder wach bleiben sollte, um nicht den neuen Sachsenslang zu verpassen. Das Mädchen sprach ihn perfekt. Da ich mir jedoch nicht sicher sein konnte, in welchem Verbaltal ich mich plötzlich befand, stellte ich eine weitere Frage. »Woher kennst du mich?« Sie sagte: »Von Facebook, da postest du doch rum. Und eine Freundin sagte mir, dass du riel bist.« Sie sagte riel, meinte vermutlich real, denn ich kann nur vermuten, dass ich kein virtueller Nachbar bin, sondern existiere, jedenfalls übersetzte ich mir so ihr Jungwelsch.

Ich sagte: »Wir rufen jetzt deine Mutter an, ob es ihr überhaupt recht ist, wenn du hier übernachtest.« Vermutlich war ich zu weit gegangen, denn sie blickte mich tränentrüb an und sagte: »Musst du so igno sein. Mutters Lover, der Schizo, hat heute 'ne andre gebissen, und du willst mit ihr über mich reden. Die lost grad völlig ab und so, die schickt mich ins Kloster, wenn du der jetzt erzählst, dass ich bei dir bin und so. Ich hab der gesagt, ich bin bei meiner Freundin und so.« Das »und so« gefiel mir überhaupt nicht. Es ließ so viel offen, es sprach Möglichkeiten an, die eine 13-Jährige in Anwesenheit eines schlafbedürftigen Erwachsenen nicht denken sollte. Ich schlug vor, sie nach Hause zu bringen.

Da tippte sie plötzlich auf ihrem Handy rum, sprach in das Telefon: »Sag ihm, ehey, dass ich bleiben kann, sag's ihm, verdammt.« Sie reichte mir ihr mobiles Handgerät, aus dem es schrie: »Ja, sie darf bleiben.« Ich fragte: »Wer ist da bitte am Apparat?« Das Handy sprach: »Sie darf und so.« Ihre Mutter redet kein Und-so-Neusächsisch, das wusste ich aus nachbarschaftlichen Gesprächen. Jetzt sagte ich: »Veralbern kann ich mich alleine, ab nach Hause!« Sie: »Voll das Gelabre, echt Hammer, du.«

Eine linguistische Innovation folgte der nächsten, ich hätte dem Mädchen stundenlang zuhören können, wenn nicht die pädagogische Seite in mir wach geworden wäre. Ich schaffte sie nach Hause, schaute, wie sie zur Haustür meiner Nachbarin hineinging, und ging dann beruhigt wieder zu Bett.

Ich schlief. Sie postete mir am nächsten Morgen, dass sie noch, »sorry«, zu einer Party gefahren sei, aber keine »Mengenke und so« gemacht hätte. Sie war für Sachsen nicht völlig verloren, denn sie benutzte das schöne sächsische Wort Mengenke für Unsinn. Das war ein Trost, wenn auch ein schwacher.

Hartau extra

Ich fand vor meiner Wohnungstür ein Glas mit rotem Inhalt unterm Schraubverschluss. Ich hob es vorsichtig hoch, schaute auf den bunten Aufkleber. In Schreibschrift stand geschrieben: »Hartau extra 7/2012. Guden!«

Da ich angesichts der liebevollen Frauenhandschrift keine Gefahr witterte, ging ich mit dem Glas in meine Wohnung. Da klingelte das Telefon. Meine Nachbarin war dran und fragte: »Na, war das leckerfetzsch …« Ich ahnte, dass sie wissen wollte, wie mir der Inhalt unter dem Schraubverschluss mundete, aber ich hatte ja noch nicht mal gekostet. Und überhaupt, was sollte dieses Guden bedeuten?

Sie sprach weiter am Telefon: »Also, ich hab da in Hartau ä Gardn, und da habsch das ganze Wochenende Johannisbärn abgebäbelt und Brommbärn.« Ich wollte antworten, dass ich lieber Pombären statt Brombeeren mag, aber dann weckte doch das schöne sächsische Wort abbäbeln mein Interesse. Es steht in keinem Wörterbuch, und wer im Internet sucht, wird gefragt, ob er nicht eigentlich absäbeln meint. Aber nein, es geht ums Abbäbeln.

Meine Nachbarin erklärte wortreich, dass es sich hierbei um die kurze Beschreibung einer langwierigen Arbeit handelt, bei der mit den Fingern kleine Früchte von noch kleineren Stielen abgezubblt werden. »Mit dorr Zeit läbbert sich da was zusamm«, sagte sie. In anderen Gegenden wird mit Fruchtkämmen Strauch für Strauch im Akkord abgeerntet. Aber das entspricht nicht der Mentalität des Sachsen.

Er nimmt in aller Ruhe ein Früchtchen nach dem andern ab, um nach und nach größere Mengen zu bilden. Diese Tätigkeit ist allerdings hauptsächlich Frauen vorbehalten, weil Männer mit ihren Riesendatschn alles zorrkwetschn, sagte meine Nachbarin. »Die Trampl zorrubbn das ganze Zeich, und dann gibt's als Gombodd nur Mus.« Ich stimmte ihr zu, denn beim Abbäbeln handelt es sich um ein Geduldsspiel der Nahrungssuche. In solchen Fällen folge ich der Strategie: »Fünf Minuten dumm stellen erspart eine Stunde Arbeit, eine Stunde dumm stellen einen ganzen Arbeitstag.« Männer gehen lieber jagen. Ein Ziel, ein Schuss, ein Braten. Das ist viel effektiver als stundenlanges Abziehen von Kleinstfrüchten. Und überhaupt, wer isst denn heute noch Kompott? Das gab es früher zur Schulspeisung. Völlig überzuckerte Birnen- oder Apfelstücke. Alles zerkocht. Heute bekommt der moderne Sachse nach dem zweiten oder vierten Gang ein Dessert: Tiramisu, Parfait oder Crème brûlée. Jedenfalls wird das ständig empfohlen.

Gleichzeitig vergeht einem der Appetit beim Abschmecken von Gammelfleisch oder Todessprossen. Die Lebensmittelkrisen fördern die Renaissance der Selbstversorgung. Nicht nur meine Nachbarin bäbelt, was die Beeren halten, sondern die ganze Nachbarschaft. Es gibt inzwischen Tauschbörsen für selbst gemachte Marmeladen. Echt süß. »War alles schon ma da, war alles da«, sagte meine Nachbarin und erinnerte daran, wie vor der modernen Dessert-Zeit Stachelbeeren veredelt wurden. Angeblich hätten Frauen mit Rasierklingen die Stacheln abgebäbelt und die Beeren dann als Weintrauben verkauft. »Gönn Se gloobn«, sagte meine Nachbarin. »Doch weil in dorr DDR ooch dä Rasierkling nischt doochtn, floch dorr Schwindel off.« Na, dann: Guten Appetit – oder wie viele Sachsen kurz, bündig und köstlich sagen: »Guden!«

Katerstimmung mit Baldower

Katzen sind mir egal. Allerdings kam gestern meine Nachbarin fähnsnd auf mich zu und sagte: »Westerwelle is weg. Die ham den bestimmt entführt. Mir müssen sofort ausbaldowern, wo der is.«

Herr Westerwelle war der Draußenkater meiner Nachbarin. Jedenfalls nannte sie ihren Schmusekater so, weil sein Fell schwarz-gelb glänzte, er treu aus seinen Augen schaute, meistens draußen rumstromerte, stets unterwegs in den Konfliktgebieten ihrer Kleingartensparte »Weltfrieden«. Außerdem steckte er ständig in Revierkämpfen um Mäuse, Freiheit und Futter. Vor allem sein Futterneid trieb ihn in Regionen, die andere Tiere instinktiv mieden. Dass er eines Tages in Schwierigkeiten geraten würde, war abzusehen. Doch was kümmerte mich das. Westerwelle war weder mein Kater noch mein Freund. Er war mir egal. Aber meine Nachbarin sagte: »Das sin keene Gingorlitzchen, hier gehts ums Überleben.«

Was mich an dem Fall aufmerken ließ, war die Wortwahl meiner Nachbarin. Ihr sächsisches Ausbaldowern klang geheimnisvoll. Tatsächlich übernahmen die Sachsen das Verb im 19. Jahrhundert aus dem Rotwelsch, der Sprache der Gauner, in ihren alltäglichen Sprachgebrauch. Es bedeutet zuerst auskundschaften, ausforschen, erkunden, man kann aber auch etwas ausbaldowern, sich ausdenken. Manch einer nutzt ausbaldowern außerdem, wenn er sagen will, dass jemand etwas verraten hat.

Das Wort ist jiddischen Ursprungs: Bal, der Herr, und dowor, die Sache, gleichbedeutend hebräisch ba'al und dawar, Ba'al-dawar, kurz Baldower. Der ist der Herr einer Sache, der Auskundschafter, der Herr der Erkundigung, ein Euphemismus für den Teufel. Der Fall begann mich zu interessieren, denn zu dem teuflischen Wort Baldower gesellten sich noch die Gingerlitzchen, die im Sächsischen gern und häufig zur Sprache kommen. Hier fällt zuerst auf, dass die Gingerlitzchen nicht in der Einzahl vorkommen und dass das -chen am Ende das Wort niedlich formt. Es muss sich folglich um Kleinigkeiten handeln. So verwendet der Sachse das Wort heute, und so verstand ich meine Nachbarin auch. Denn das Verschwinden von Herrn Westerwelle war für sie nicht mal eine Kleinigkeit, sonst hätte sie mir nicht beide Ohren follgefähnst.

Der genaue Ursprung des Wortes verbleibt jedoch im etymologischen Nirwana. Es lässt sich nur vermuten, dass die Gingerlitzchen als Kinkerlitzchen ursprünglich niedlichen Modeschmuck, Flitter und Tand beschrieben. Denn die Litze stammt vom Lateinischen licium ab, einem umschlungenen Kettfaden, einem gewebten Band. Allerdings führten meine Erkundigungen über die Wörter nicht dazu, dass Westerwelle wieder erschien. Er schien vielmehr tatsächlich verschwunden. Meine Nachbarin lief durch die Kleingartensparte und rief immer wieder: »Westerwelle, komm zur Muddiä.« Ihre Rufe versetzten mich in Katerstimmung. Ich ertrug das nicht länger und baldowerte durch die Straßen, bis ich etwas Unglaubliches entdeckte.

Westerwelle war es offensichtlich zu heiß geworden, er hatte sich verkrochen und hockte in der nächstbesten Kirche unter einer Bank. Ich wünschte Gottes Segen, nahm den Kater und brachte ihn meiner Nachbarin, die ihn glücklich umarmte und ihm Leberpastete mit Geflügel reichte. Er miaute.

Während ich noch darüber nachdachte, ob meine katzenfreundliche Frau glücklich wäre und mich füttern würde, wenn ich nach Tagen verkatert nach Hause käme, sah ich Westerwelle schon wieder ausrücken.

Naacherts, noochens, naang, noong

Das Einpacken von Geschenken zögere ich immer bis zur letzten Sekunde hinaus, weil ich dabei stets verzweifle. Es gibt für mich nichts Schlimmeres. Als ich an diesem Weihnachtsmorgen versuchte, die Sachen einzuwickeln, klingelte es an der Tür. Hurra, dachte ich noch, gut, dass mich einer stört, da brauche ich mich nicht mit den Klebestreifen und den Bändern herumzuärgern. Vielleicht binden die sich ja von selbst.

Vor der Tür stand meine Nachbarin und sagte: »Ham Ses gesehn, es schneit!« Tatsächlich rieselten ein paar Flocken auf den Boden, die Wiese sah wie mit Puderzucker bestreut aus. Weiße Weihnacht, wie schön, dachte ich. Meine Nachbarin sagte: »Immor wenns schneit, muss isch dlei mei Debbsch im Schnee ausklobbn. Bei dem Klima weeß morr ja nie. Könn Se mir ma helfn, das Ding nauszuschlebbn.« Ich entschuldigte mich damit, dass ich keine Zeit hätte, weil ich dringend Geschenke einpacken müsste. Zudem wollte ich wissen, warum ihr bei dieser wichtigen Arbeit am Morgen des Heiligen Abends ihr Mann nicht helfen würde. Sie sagte: »Der hat

mich so angefuhzt, da habsch zurückgefuhzt, der kommt bestimmt erscht naacherts wiedor.« Mir schwante etwas. Denn
eigentlich wusste ich, dass das sächsische Adverb naacherts
genau den Zeitpunkt beschreibt, wann jemand gewillt ist, zurückzukehren: nämlich später, dann oder ganz exakt gesagt:
danach.

So aber spürte ich einen Hauch von weihnachtlicher
Nächstenliebe und ging mit. Vielleicht verstand ich ihre Zeitangabe auch nicht richtig, denn naacherts wird sehr diffe-
renziert formuliert. Es kommt von nachher, spricht sich aber
sächsisch nie so, sondern naher, noocherts, noochernsd,
naart, noorts, nachhin, naachens, noochens, naang, noong
oder eben naacherts.

In der Wohnung der Nachbarin angekommen, sah ich den
Perser auf dem Boden liegen. Sie sagte: »Mir müssn nur noch
das Büwee nieborschiebn, und dann rolln mir den Debbsch
zamm.« Eine Eigenart des Sächsischen kann bei diesem Zitat
nicht unter den Teppich gekehrt werden. Die Mundart diffe-
renziert in der Aussprache klar zwischen dem Möbel und der
Häppchenversorgung. So wird die französische Anrichte zum
Büwee und das kalte Büfett zum Buffett. Das Nachbarinnen-
Büwee stand voll mit Engeln, Kerzenständern, Nussknackern
und Räuchermännern, die ich herunternahm, um dann den
Schranktisch hochzuheben, damit die Frau des Hauses den
Teppich darunter hervorziehen und wir ihn zusammenrollen
konnten. Ich hatte noch einen Tisch und einen Sessel in ein
anderes Zimmer zu tragen, um zu verhindern, dass die in der
Teppichwurst landeten. Als ich die Frage stellte, ob das mit
dem Ausklopfen denn vor der Bescherung wirklich sein müsse, plärrte, also schrie sie: »Fuhzn Se mich ni ooch noch an!«

Fuhzen oder pfuhzen erklärt von selbst, was hier geschieht.
Der Mensch, egal ob Ehemann oder -frau, faucht wie eine
Katze. Da das Sächsische gern den Vorgang des Beschimp-

fens verstärkt, reicht ihm das Fuhzen nicht, sondern der andere wird angefuhzt, also laut angefahren. Während ich mich noch wunderte, warum ich mich beschimpfen ließ, obwohl ich ihr doch half, kehrte ihr Mann zurück. Die Naachertszeit war wohl rum. Er hielt eine Zeitschrift in der Hand, ging auf seine Frau zu und las: »2013 komm große Veränderungn off uns zu, dorr rebellsche Uranus im Widder dreht durch un stiftet mit Pluto Unruhe, währnd dorr Schiggsalsblanet Sadurn von der Waache indn Sgorbion wechselt un uns ausm Gleichgewicht bringt.« Ich schlich mich davon und wusste plötzlich, dass es gar nicht schlimm ist, jetzt oder naacherts für seine Lieben ein paar Geschenke einpacken zu dürfen.

Wenns Däschdl mäschdl

Sie ist weg. Spurlos verschwunden. Die Polizei klopft an meine Tür, einer fragt mich: »Ihre Nachbarin is in dä Rabusche gekomm, warn Se dabei?« Ich schüttle den Kopf. Dann fragt der Uniformmann: »Gönn Se sich indändi …, infi …, inha …, desinfi … wer sin Se?« Ich sage meinen Namen und frage: »Wo ist sie?« Der Uniformmann sagt: »Dä Frachn stelln mir. Die hadd dä Hufe hochgemacht.« Der Polizist geht, reicht mir noch eine Zeitungsseite. Ich lese eine Todesanzeige mit dem Namen meiner Nachbarin. Kaum dass ich begreife, was geschehen sein soll, klopft es erneut. Ich öffne. Meine Nachbarin steht davor, rennt in meine Wohnung. Ich bin sprachlos. Sie sagt: »Sachn Se nischt, sachn Se bloß nischt, forsteggn Se mich. Ich hab mich für dod erklärd. Ich brauch ä ma Ruhe für ä rischdsches Däschdlmäschdl.« Sie wählt den letzten Ausweg für ein bisschen Frieden und sagt: »Ich mach mich dinne für ä Dädadä.«

Ich will sofort den Uniformmann anrufen, um zu erklären, dass die Nachbarin lebt, aber sie reißt mir den Hörer aus
der Hand. Sie wolle endlich ihre Ruhe. Sie sehne sich nach
einem Stelldichein, Flirt, Schäferstündchen, einer Tände-
lei, Liaison, Liebelei, Liebschaft oder eben klar und deutlich auf Sächsisch: einem Däschdlmäschdl. Sprachforscher
behaupten, das sei keine echte sächsische Vokabel, sondern
nur von den Österreichern geliehen. Die sprechen das Wort
als Dechdlmechdl, übernahmen es aber angeblich auch nur
von den Italienern, die teco meco sagen, was so viel heißen
soll wie: ich mit dir, du mit mir. Die Übersetzung klingt genauso, wie es sein soll. Die Herkunft des Wortes aber ist bis
heute unklar. Der Sachse führt es zurück auf den pubertä-
ren Fortschritt der eigenen Tochter, die langsam flügge wird:
Wenns Däschdl mäschdl. Wenn das Töchterchen möchte,
sind Eltern überfordert, greifen zu neuen Unter-die-Gürtel-
linie-Ratgebern oder erinnern sich an ihre »Junge Welt« und
die Sexual-Aufklärungsrubrik »Unter vier Augen« von Jutta
Resch-Treuwerth. Doch nichts hilft, wenn Töchter möchten.

Meine Nachbarin indes befindet sich in der Phase der sich
wendenden Pubertät. Sie vollzieht einen inneren Klimawan-
del. Ihr Mann sagt dazu: »Schicht im Schacht.« Aber der
ist jetzt nicht gefragt. Denn die Nachbarin will sich weder
mit ihm noch mit ihrem Zustand abfinden, sondern in Tor-
schlusspanik unbedingt noch ein Abenteuer erleben. »Ich
brauch jetze ä Dädadä«, ruft sie. Töchter sagen dazu heutzutage: »Ich will ä Date.«

Tatsächlich besteht zwischen den Wörtern ein gefühls-
mäßiger und sprachlicher Zusammenhang. Dädadä ist die
sächsische Kurzform des französischen Tête-à-tête, was direkt übersetzt Kopf-an-Kopf heißt. Nicht zu verwechseln mit
dem Kopf-an-Kopf-Rennen des alltäglichen Beziehungsstres-
ses. Date ist die englische Schnellvariante des französischen

Tête-à-tête, wo man sich wie beim Däschdlmäschdl etwas mehr Zeit nehmen darf. Meine Nachbarin erklärte sich für tot, um sich dem Alltag zu entziehen und sich frisch zu verlieben. Sie erzählt mir, dass sie sich dem Messer eines Schönheitschirurgen ausliefern und sich mit neuer Identität ausstatten wolle, um dann auf einem Kreuzfahrtschiff den Mann ihres Lebens kennenzulernen. Aber alles spreche gegen sie: Brüste werden mit Fensterkitt statt Silikon gefüllt, Schiffe gehen unter, und Kapitäne tauchen einfach ab. Ich schlage ihr vor, in die Realität zurückzukehren, und sage: »Das Leben ist keine Seifenoper.« Bei so viel Altersweisheit guckt meine Nachbarin mich ganz fordutzt an – und geht nach Hause.

Höfliche Verachtung

Bei Festen geht es handfest zu. Erst am Wochenende sah ich, wie meine Nachbarin an der Elbe feierte. Sie lief zum Bierstand, aber kam nicht dran. Immer wieder verdrängte sie ein Mann, der sie mit seinem Bauch wegschob. Als meine Nachbarin mich sah, kam sie an meinen Tisch und sagte: »Ich gloob, der dicke Preiße kann dä Saggs'n ni so rischtsch ästimiern.«

Das sächsische Wort ästimiern ist so gut wie ausgestorben, jedenfalls habe ich es seit Ewigkeiten nicht mehr gehört. Es klingt elegant, leicht, fließend, gefällig, schmeichelnd. Und es meint, dass einer den anderen schätzt, achtet oder würdigt. Doch wenn einer den anderen ni rischtsch ästimiert, dann verachtet er ihn. Aber verachten würde der Sachse nie sagen. Er bleibt manierlich. Höflichkeit ist ihm angeboren, es ist seine zweite Natur. Thilo Sarrazin verschweigen wir dies, denn er würde sofort vom höflichen Sachsen-Gen schreiben.

Das Wort höflich entwickelte sich aber nicht genetisch, sondern aus dem Begriff höfisch, das die Lebensart am früh-neuzeitlichen Hof bezeichnete. Aber auch wenn ein Sachse aus einem steinzeitlichen Hinterhof kommt, verliert er nicht die Contenance, also seine Haltung. Schließlich hat er eine. Er verliert auch ungern sein Gesicht, weil er überhaupt nicht gern verliert. Der Sachse ästimiert sich. Und er erzählt gele-gentlich, dass eine junge Frau aus einem Dorf eines Abends ins Nachbardorf zum Tanz ging. Als sie am nächsten Morgen zurückkam, wurde sie in ihrem Dorf gefragt: »Und, ham se dich da drieben ästimiert?« Das Mädchen schaute verlegen auf den Boden und sagte: »Ja, drei ma.«

Der Ursprung der Vokabel liegt zum einen im Lateini-schen, aestimare, und zum anderen im Französischen, esti-mer, und bedeutet, egal, woher es stammt, das, was der Sach-se für sich einfordert. Was genau das ist, »das verschweigt des Sängers Höflichkeit«, wie der 1757 auf Schloss Klippen-stein in Radeberg geborene Dichter August Friedrich Ernst Langbein in seiner Erzählung »Die Weissagung« bereits 1804 schrieb.

Als ich später draußen zu Hause im Hof saß, hörte ich, wie meine Nachbarin und ihr Mann auf dem Balkon redeten. Ich hörte auch, wie ihr kleiner Enkel schrie. Er konnte offen-sichtlich nicht schlafen. Meine Nachbarin sagte: »Ich geh ma nein und sing dem Wärschl was vor.« Ihr Mann sagte: »Meine Gude, willste es ni erscht ma im Gudn forsuchn.« Ich muss-te sofort an Heinrich Böll denken, der in »Billard um halb zehn« schrieb: »Höflichkeit ist doch die sicherste Form der Verachtung.«

Es gibt im Sächsischen tatsächlich kein anderes Wort für höflich außer heeflich. Dafür aber ein Dutzend für unhöflich: kappsch, kiefsch, krääbsch sind nur drei davon. Es existiert aber in Sachsen eine spezielle Form des angedeuteten guten

Benehmens. Es beginnt mit dem Wort »Tschuldschung«. Das wurde mir klar, als meine Nachbarin später runterkam und sagte: »Se wärn entschuldschn, was machn Se dänne hier. Missn Se im Hof rumlungern wie ä Pänner! Machn Se sich hoch in Ihr Neste, sonsd didsch isch Ihrn Nischl offs Pflaster, dass Ihr Gehärne aus'n Ohrn spritzt.« Ich wendete ein, dass es doch wohl kein Problem sei, wenn ich noch ein bisschen im Hof sitze. »Ähmd. Is es ni. Desdorwäschn sache ich es Ihn' ja ganz heeflich.«

Anmerkungen

1 Dieter Wildt: Deutschland, deine Sachsen. Rowohlt Taschenbuch Verlag GmbH, 1968, S. 36

2 ebenda: S. 7

3 ebenda: S. 9

4 ebenda: S. 81

5 ebenda: S. 13

6 ebenda: S. 13

7 Marcus Hundt in Rainer Hünecke und Karlheinz Jakob: Die obersächsische Sprachlandschaft in Geschichte und Gegenwart. Universitätsverlag Winter Heidelberg, 2012, S. 27

8 Dieter Wildt: Deutschland, Deine Sachsen. Rowohlt Taschenbuch Verlag GmbH, 1968, S. 8

9 ebenda: S. 19

10 ebenda: S. 7

11 ebenda: S. 22

12 Karl-Heinz Göttert: Alles außer Hochdeutsch, Ein Streifzug durch unseren Dialekt. Ullstein Buchverlage GmbH, 2011, S. 15

13 Rainer Hünecke und Karlheinz Jakob: Die obersächsische Sprachlandschaft in Geschichte und Gegenwart. Universitätsverlag Winter Heidelberg, 2012, S. 7

14 Ulrich Schmid in Rainer Hünecke und Karlheinz Jakob: Die obersächsische Sprachlandschaft in Geschichte und Gegenwart. Universitätsverlag Winter Heidelberg, 2012, S. 12

15 ebenda: S. 65

16 ebenda: S. 28

17 ebenda: S. 54

18 ebenda: S. 106

19 ebenda: S. 28

20 ebenda: S. 50

21   ebenda: S. 51

22   ebenda: S. 53

23   ebenda: S. 38

24   ebenda: S. 38

25   ebenda: S. 39

26   ebenda: S. 39

27   ebenda: S. 40

28   ebenda: S. 41

29   ebenda: S. 42

30   ebenda: S. 33

31   ebenda: S. 108

32   ebenda: S. 132

33   Aus dem Programm »Deutschland, Deine Sachsen« im Tom-Pauls-Theater
     Pirna. Mehr zum Theater unter www.tom-pauls-theater.de